WAGENBACHS TASCHENBÜCHEREI

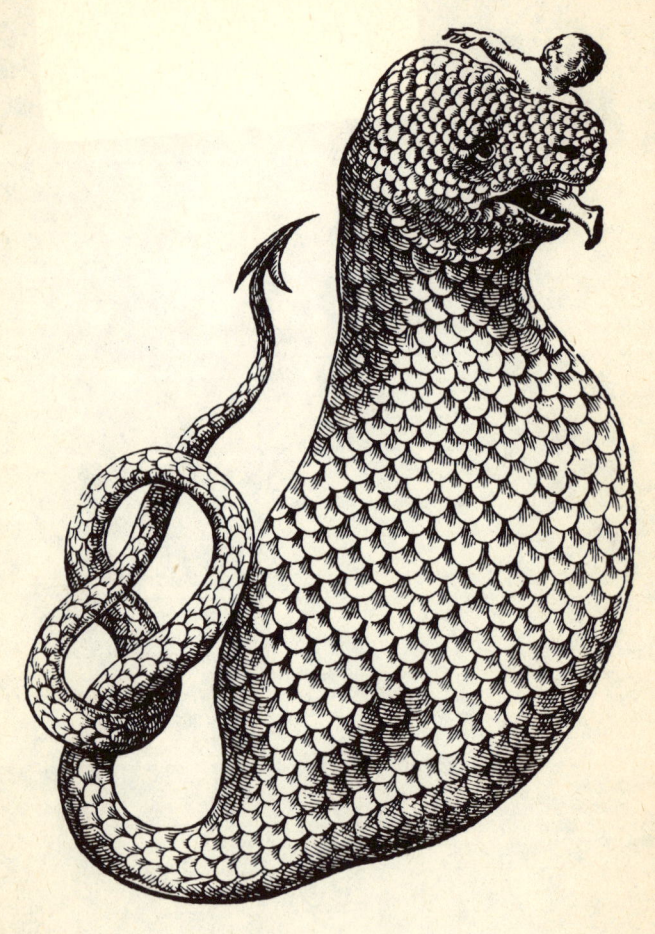

Horst Kurnitzky

Ödipus

Ein Held der westlichen Welt

Über die zerstörerischen
Grundlagen unserer Zivilisation

Verlag Klaus Wagenbach   Berlin

Wagenbachs Taschenbücherei 38

6.—8. Tausend, 1981
© 1978 Verlag Klaus Wagenbach, Bamberger Straße 6, 1 Berlin 30
Satz und Druck: DRUCKHAUS Neue PRESSE Coburg
Umschlagentwurf: Jürgen Holtfreter
Repros: Reprowerkstatt Rink und Silbermann, Berlin
Bindung: Hans Klotz, Augsburg
Alle Rechte vorbehalten. Printed in Germany
ISBN 3 8031 2038 1

Inhaltsverzeichnis

Die Sage von König Ödipus, der die Sphinx tötete, seinen Vater erschlug und seine Mutter heiratete (so die ältesten Elemente dieses Mythos), gehört zu den meistverarbeiteten Stoffen unserer Literatur: Bereits in der Ilias und auch in der Odyssee wird Ödipus erwähnt. Wenn auch die ursprüngliche Ödipodie des thebanischen Sagenkreises uns nur in wenigen Zeilen überliefert ist — Pausanias berichtet, sie habe vier Teile gehabt —, so gab es doch schon in der Antike eine Vielzahl von Bearbeitungen dieses Themas. Äschylos hatte einen Ödipus geschrieben, der jedoch ebenso wie der Ödipus des Euripides nicht erhalten geblieben ist. Am bekanntesten ist wohl Sophokles *König Ödipus* oder *Ödipus Tyrannos*. Von den römischen Autoren haben z. B. Seneca und auch Caesar Ödipusdramen verfaßt. Voltaire und Corneille haben diesen Stoff bearbeitet, ebenso Cocteau und Gide. Von Hans Sachs stammt *Die unglückliche Königin Iokasta*, von Hofmannsthal *Ödipus und die Sphinx* und *König Ödipus* und Hölderlin hat uns eine Nachdichtung des sophokleischen *Ödipus Tyrannos* hinterlassen — die Liste ließe sich weiter fortsetzen. Darüber hinaus gibt es noch unzählige Verarbeitungen des gleichen Konfliktes, die nicht ausdrücklich als Ödipusdramen oder -dichtungen verfaßt sind, wie z. B. Shakespeares *Hamlet* oder Schillers *Don Carlos* und natürlich viele Familiendramen des 18. bis 20. Jahrhunderts. Aber auch in Volksstücken wird dieser Konflikt immer wieder verhandelt. Synge's durchaus politisch gemeintem *Playboy of the Western World* ist der Titel dieses Bandes entlehnt.

Die Spur des Mythos verliert sich im Dunkel nicht überlieferter Vorgeschichte. Die offensichtliche Beliebtheit des Stoffs bei Autoren über eine Zeit von 3000 Jahren, legt jedoch die Vermutung nahe, daß es sich hier um einen für unsere Zivilisation fundamentalen Konflikt handelt. Das hatte

Freud schon vor der Jahrhundertwende erkannt, als er die ersten Ansätze seiner Theorie zum Ödipuskomplex entwickelte, die später im Zentrum seiner zivilisationstheoretischen Überlegungen stand, als ein Konflikt, der auf das Leben eines jeden Individuums unserer Gesellschaft einen kaum zu unterschätzenden Einfluß hat.

Unterschätzt würde der Konflikt auch, wenn er allein auf Familie, Vater und Sohn beschränkt begriffen wird. Die Autorität, nicht nur des Vaters, herrscht so allgemein, gestützt auf die Zwangsformen ökonomischer Reproduktion, daß die Auflösung der Familie keinesfalls den Konflikt aus der Welt schaffen könnte, wiewohl mit deren tendenzieller Auflösung von Konservativen immer der Untergang des gesamten Gemeinwesens befürchtet wird. Die Struktur des Konfliktes geht bis in die Wurzeln der Leistungsgesellschaft. Konkurrenz und Leistung im gesellschaftlichen Wettbewerb stehen dafür ein. Daß z. B. noch jeder Sportwettkampf darin seine Wurzeln hat, ist leicht zu beweisen. Die materielle Reproduktion unserer Gesellschaft hat im Ödipuskonflikt ihren archaischen und noch gegenwärtigen Vorgänger, der mit materieller Gewalt die irrationale Rationalität unserer Wirtschaftsordnung bestimmt. Es ist im weitesten Sinne der Kampf zwischen Vater und Sohn um den sexuellen Verkehr mit der Mutter; nicht nur als Metapher: Während jener das Fortbestehen der gesellschaftlichen Reproduktion garantiert, will dieser sich einen Lustgewinn verschaffen, den die Mechanismen der Reproduktion ihm versagen. Daß der Konflikt immer wieder damit ausgeht, daß Ödipus selber Vater wird, behauptet nicht nur der Mythos. Es ist die Rolle der Mütter und das Verhalten der Frauen als Mütter, die aus jedem Ödipus immer wieder einen Helden machen, der dann seinerseits die Frauen in ihre Rolle als Mütter zwingt, während der Wunsch nach dem sexuellen Verkehr mit der Mutter sich Ersatzobjekten zuwendet. Darin liegt Herrschaft begründet, nicht zuletzt die im Staatswesen. Unsere Geschichte kennt viele Reichsgründer dieser Art, die auf der Suche nach der Mutter schließlich Landesvater wurden. Wurde unser Held Ödipus Vater und riß er die Herrschaft über Gesellschaft und Natur an sich, war das intendierte eigene und allgemeine befriedigende gesellschaftliche Leben auch schon nicht mehr realisierbar. Blieb er Sohn, konnte er machtlos nur, etwa als Künstler, an Utopien eines freien und befriedigenden Lebens festhalten, in der Phantasie ein Reich der Freiheit gründen. Gewöhnlich aber wendet er sich fetischisierend Ersatzobjekten zu. Daß der Ersatz der Mutter in den Fetischen unserer Konsumgesellschaft eben nur ein Ersatz ist, garantiert zugleich den Fortschritt in der Produktion neuer Konsumgegenstände und das Bedürfnis nach ihnen.

Auch der Widerstand und die Auflehnung gegen das zuletzt unbefriedigende Leben haben ihre Wurzeln in diesem Konflikt. Der Traum von der allgemeinen Egalität, einer Gemeinschaft von Brüdern und Schwestern, war der Beweggrund noch jeder sozialen Revolution. Wenn auch das darin intendierte »Erwachsenwerden« der Gesellschaft noch aussteht, artikuliert schon jede Assoziation von Individuen für eine sozial gerechte Gesellschaft freier und gleicher Menschen ein Bedürfnis, das ebenso fundamental wie nirgendwo realisiert ist.

Bislang ist dieser Konflikt im wesentlichen von seiten der historischen Subjekte als Vater-Sohn-Konflikt diskutiert worden. Die Objekte von Lust und Herrschaft waren nur Gegenstände über die die historische Dialektik zu neuen Formen der Naturbeherrschung fortschritt. Heute weisen Ökologiedebatte und Frauenbefreiungsbewegung auf diesen bisher wenig diskutierten Aspekt des Ödipuskonfliktes, dessen Lösung jedoch entscheidend für ein befriedigendes gesellschaftliches Leben ist. Es geht um die Realisierungsmöglichkeiten der unterdrückten weiblichen Interessen und Bedürfnisse der gesamten Gesellschaft und der ihnen korrespondierenden Natur, die im gesellschaftlichen Zurichtungs- und Reproduktionsritual Gegenstand der Ausbeutung ist, um die Frage, ob eine mit sich und der Natur versöhnte Gesellschaft nicht nur wünschbar, sondern auch möglich ist? Allein die Diskussion um die Familienplanung etwa macht deutlich, welchen Objektcharakter die Frauen noch in dieser Gesellschaft haben. Das ist unabhängig davon, ob ein weiteres Wachstum der Gesellschaft nun sinnvoll ist oder nicht. Solange die Frauen als Mütter der Hebel zur Manipulation der Anzahl der Gesellschaftsmitglieder sind, ist ihr Werk-

zeugcharakter offenbar. Dem korrespondiert ein Zurich-
tungsprozeß der Natur, der bislang immer noch Grundlage
jeden Wachstums gesellschaftlicher Produktivkräfte war, der
aber heute seinen destruktiven Charakter in dem Maße
offenbart, wie die zerstörte Natur für die Gesellschaft selbst
lebensbedrohend wird.

Der Mythos siedelt die Sage von König Ödipus, der seinen Vater erschlagen und seine Mutter geheiratet haben soll, in Theben, im griechischen Böotien, dem Rinderland der Antike an. Wir wissen, daß schon vor mehr als achttausend Jahren in Griechenland Rinder für Opfer und Feste gezüchtet wurden; wahrscheinlich zu Ehren einer Vorgängerin der kuhgesichtigen Hera und später für sie selbst. Die Kuh gehört nach G. Ellioth Smith zu den ältesten Verkörperungen der Großen Mutter und stand, mit Wasser und Fruchtbarkeit assoziiert, für die reproduktiven Vorstellungen archaischer Völker ein. Hera war eine der ältesten und meistverehrten Göttinnen der Griechen und garantierte als Ehegöttin soziale Organisation und Reproduktion. Sie war es auch, die nach einer Überlieferung die würgende Sphinx nach Theben entsandte, als Strafe für ein Vergehen, dessen sich der in

Sphinx, Römisch-Germanisches Nationalmuseum, Köln

Theben herrschende König Laios schuldig machte, als er den Knaben Chrysippios aus Pisa raubte. Laios wird die Erfindung der Knabenliebe zugeschrieben. Da die Thebaner Laios für sein Verbrechen nicht selbst bestraften, schickte Hera die Sphinx, ein menschenfressendes Ungeheuer mit Frauenkopf und Brüsten, einem Löwenkörper, Flügeln und einem Schlangenschwanz. Sie soll aus einer Verbindung der Erdschlange Echidna mit ihrem Sohn Typhon hervorgegangen sein. Auch Typhon gehört zu jenen Ungeheuern der antiken Mythologie, mit denen die Zivilisationsheroen fertigzuwerden hatten. Da er als Personifikation des vulkanischen Erdfeuers angesehen wurde, glaubte man, daß er unter dem Ätna hause und dessen Vulkanausbrüche verursache. Von den Thebanern habe die Sphinx das Opfer ihrer Nachkommen gefordert, berichtet die Sage. Von diesem Fluch befreit werden konnte die Stadt nur von demjenigen, der ein von ihr gestelltes Rätsel löst, das sie von den Musen gelernt haben soll: Welches Wesen, mit nur einer Stimme, hat mal vier, mal zwei und mal drei Beine und ist am schwächsten, wenn es die meisten Beine hat? Löste er es jedoch nicht, würgte und verschlang sie ihn auf der Stelle. Einige Autoren behaupten, daß die Figur der Sphinx phönizischem Einfluß zuzuschreiben ist. Der phönizische Einfluß geht jedoch bis in die Vorgeschichte zurück, jener Zeit, als die Phönizier ihre ersten Handelsplätze am Mittelmeer gründeten. Von ihnen haben die Griechen z. B. auch das Alphabet.

Pelike des Hermonax, Österreichisches Museum f. Kunst u. Industrie, Wien

Oder saß die Sphinx schon immer auf dem Berg oder Gebirge Phikion, nordwestlich von Theben, mit dem sie auch identifiziert wurde? Denn ihr ursprünglicher griechischer Name war Phix, in Anlehnung an jenes Gebirge, in dem sie hausen sollte. Vielleicht saß sie aber auch auf einer Säule auf der Agora, wie man sie auf griechischen Vasen vor zweieinhalbtausend Jahren darstellte. Daß die Sphinx vermutlich sehr alt ist, verrät ihre Beziehung zum Löwensymbol der hetärischen Aphrodite und damit auch zur pelasgischen Aphrodite, jener Göttermutter der griechischen Urbevölkerung, auf die auch der Ödipusmythos zurückgeführt wird. Das spricht nicht gegen phönizischen Einfluß auf Mythos und Kult, weist aber auf Mythenmischungen hin.

> Wo immer wir mit der Geschichte in Berührung treten, sind die Zustände der Art, daß sie frühere Stufen des Daseins voraussetzen: nirgends Anfang, überall Fortsetzung, nirgends bloße Ursache, immer zugleich schon Folge.
>
> *J. J. Bachofen*

Auch diese Geschichte hat, wie jede Geschichte, eine Vorgeschichte. Sie berichtet von der Gründung der Stadt Theben durch den Phönizier Kadmos. Ein Gründungsheros oder mehr ein Gott, der einmal Zeus half, Typhon zu überlisten. Er wurde von seinem Vater Agenor, einem König der Phönizier — in manchen Überlieferungen auch eindeutig Phönix genannt — ausgesandt, seine von Zeus entführte Schwester Europa zu suchen. Die Sage berichtet, daß Zeus sich in einen zahmen Stier verwandelt, unter die am Strand spielenden Mädchen gemischt, Europa über das Meer nach Kreta entführt und dort mit ihr den sagenhaften König Minos gezeugt haben soll, dessen Frau Pasiphae dann übrigens mit einem Stier des Poseidon, den Minos eigentlich opfern sollte, ein weiteres Ungeheuer zeugte, nämlich den menschenfressenden Minotauros. In dem von Daidalos erbauten Labyrinth, in das er von König Minos gesperrt wurde — Menschen wurden ihm zum Fraß vorgeworfen —, erlitt er schließlich das Schicksal aller Ungeheuer: Auch er wurde von einem Zivilisationsheros, von dem Athener Nationalhelden Theseus, erschlagen. Unterstützt wurde Theseus bei seiner Arbeit von der Tochter des Königs Minos, Ariadne, die ihm den Tip gab, mit Hilfe eines Fadens auch wieder aus dem Labyrinth hinauszufinden.

Kehren wir aber wieder zur Vorgeschichte des Ödipusmythos zurück, zu Kadmos, auf der Suche nach seiner Schwester Europa, wie er zwar nicht Europa, dafür aber einen Platz fand, die Stadt Theben zu gründen, nicht ohne vorher, was zu einer zivilisierenden Arbeit gehört, eine Schlange, also ein Ungeheuer, zu erschlagen und ein neues Geschlecht, die Spartoi, die Gesäten, zu pflanzen, denen später auch Ödipus entstammte.

Sehen wir, wie ein Dichter zu Beginn unserer Zeitrechnung, der sich allerdings auf die mehr als 600 Jahre älteren Werke von Hesiod und Homer bezieht, einen der Gründungsmythen der europäischen Zivilisation darstellt. Ich meine Ovid in seinen »Metamorphosen«, also Verwandlungen, der Fähigkeit der Götter z. B. Menschen in Tiere oder Pflanzen zu verwandeln; im Klartext also: die gesellschaftliche Leistung der Menschen, Natur in Kultur zu verwandeln. Er schreibt in seinem dritten Buch über Kadmos:

> Längst nun hatte der Gott [Zeus], von der Hülle des
> trügenden Stieres
> wieder befreit, sich entdeckt und bewohnte diktäische Fluren,
> als unkundig Agenor gebeut, die Entführte [Europa] zu suchen,
> Cadmus, dem Sohn, und, fänd er sie nicht, als Strafe
> Verbannung
> ihm androht, hartherzig und liebender Vater in einem.
> Als er die Erde durchirrt — wer könnte, was Jupiter [Zeus]
> hehlet,
> irgend erspähen? —, da meidet das Land und den Zorn des
> Erzeugers
> flüchtig Agenors Sohn und fragt das Orakel Apollos
> flehend um Rat und forscht, welch Land er solle bewohnen.
> »Dir begegnet ein Rind« sprach Phoebus [Apollo],
> »in einsamem Felde,
> das nie spürte ein Joch, nie zog am gebogenen Pfluge.
> Dem geh nach auf der Spur, und wo es sich lagert im Grase,
> alldort gründe die Stadt, und böotische sollst du sie nennen.«
>
> Kaum erst war er hinab vom kastalischen Borne gestiegen,
> da sieht Cadmus ein Rind einwandeln gemächlich und hutlos,
> das von dienstlichem Zwang noch trug kein Zeichen am
> Nacken.
> Achtsam folgte er und setzte den gehaltenen Schritt in die
> Spuren,

während er schweigend des Wegs Anrater verehret, den
Phoebus.
Hinter sich ließ er die Flut des Cephisus und Panopes Fluren:
da blieb stehen die Kuh und erhob zum Himmel die schmucke
Stirn mit dem hohen Gehörn und erschütterte brüllend die
Lüfte,
und so schauend zurück zu der Schar nachfolgender Männer,
lagerte sie sich und streckt im bettenden Grase die Seite.
Dank füllt Cadmus' Gemüt, und die neubetretene Erde
deckt er mit Küssen und grüßet die fremden Gebirge und
Felder.
Jupiter wollt ein Opfer er weihn, und er sendet die Diener,
daß sie vom Borne geschöpft herbrächten lebendiges Wasser.

Alt stand dorten ein Wald, der nie von dem Beile versehrt
war,
mitten darin ein Geklüft, von Gestrüpp umwachsen und
Sträuchern,
das zu niedrem Gewölbe sich schloß mit der Steine Gefüge,
reich an sprudelndem Naß, wo gelagert in bergender Höhle
hauste die Schlange des Mars hell schimmernd mit goldenem
Kamme.
Feuer entsprühet dem Blick; der Bauch ist strotzend von Gifte;
dreifach stehen die Zähne gereiht; drei Zungen bewegt sie.
Als nunmehr in den Hain eintraten die tyrischen Männer
mit unseligem Schritt und Geplätscher erregte die Urne,
niedergetaucht in die Flut, da streckte der dunkle Drache
lang aus der Höhle das Haupt und erhob entsetzliches Zischen.
Stracks ist entfallen der Krug, und das Blut entwich aus dem
Körper.
Und in plötzlichem Schreck erzitterten allen die Glieder.
Aber den schuppigen Leib in verschlungene Kreise geringelt,
bäumt sich jener im Sprung hoch auf zu gewaltigem Bogen,
und in die weichende Luft bis über die Hälfte sich richtend,
überschaut er den Wald und ragt so groß mit dem Leibe,
wie, wenn du ganz ihn erblickst, der teilt den doppelten Bären.
Und die Phöniker im Nu, sei's, daß sie die Waffen ergriffen
oder die Flucht, sei's, daß sie der Schreck an beidem gehindert,
packet er. Diese mit Biß und jene mit langer Umstrickung
tötet er, andre dazu mit der Pest des giftigen Hauches.

Sol schon hatte verkürzt in der Mittagshöhe die Schatten;
was die Gefährten verziehn, nimmt wunder den Sohn des
Agenor,
und nach geht er der Spur. Vom Fell, das entrissen dem Löwen,
war er bedeckt; ein Spieß und ein Speer mit blinkendem Eisen
waren ihm Wehr und der Mut noch besser denn jegliche Waffe.
Als er trat in den Hain und sah die getöteten Leiber
und als Sieger darob den Feind mit dem riesigen Leibe,
wie er mit blutiger Zung umleckte die traurigen Wunden,

15

A. Aubry, M. Küsel u. a., Metamorphosen des Ovid, *Kadmos tötet die Marsschlange*

sprach er: »Euren Tod entweder, ihr Wackeren, räch ich,
oder ich folg euch nach.« Sprach's hob mit der Rechten ein
                                                    Felsstück
auf vom Boden und warf das Mächtige mächtigen Schwunges.
Ragende Mauern zugleich mit hoch aufsteigenden Türmen
hätten gewankt von der Wucht: der Wurm blieb sonder
Verletzung,
und von den Schuppen geschützt und der Härte des
                                        schwärzlichen Balges,
wies er den kräftigen Prall von der Haut wie unter dem Panzer.
Aber dem Spieß obsieget er nicht mit derselbigen Härte,
der allda, wo inmitten sich krümmt das geschmeidige Rückgrat,
haftet und mit dem Stahl sich ganz in die Weichen versenkte.
Jener ergrimmt vor Schmerz, und das Haupt nach dem Rücken
                                                    gebogen,
wird er die Wunde gewahr und beißt in den steckenden
                                                    Wurfspieß.
Wie er mit vieler Gewalt ihn gerüttelt nach jeglicher Seite,
riß er den Schaft nur los; fest saß im Knochen das Eisen.

Als nun wieder ein Grund zu seinem gewohneten Zorne
kam hinzu, da schwoll ihm die Kehle von strotzenden Adern.
Weißlicher Schaum umfließt den Pest ausströmenden Rachen,
und von den Schuppen ertönt ein Schlürfen im Sand, und der
schwarze
Hauch aus dem stygischen Schlund steckt an die vergifteten
Lüfte.
Aber in Windungen rollt er selbst zu unendlichem Kreisen
bald sich ein, bald steht er gerader empor als ein Baumstamm;
jetzt mit gewaltigem Schwung, wie gedrängt vom Regen ein
Waldstrom,
schießt er und drückt mit der Brust darnieder die hemmenden
Stämme.
Cadmus weicht ein wenig zurück und hält mit des Löwen
Hülle dem Aufprall stand und wehret den nahenden Rachen,
ihm vorstreckend den Speer. Er rast und verwundet das harte
Eisen mit eitelem Biß und schlägt in die Schärfe die Zähne.
Und schon hatte das Blut zu entströmen dem giftigen Gaumen
angefangen und rot den Rasen gefärbt mit Bespritzung.
Aber die Wunde war leicht, weil jener vom Stich sich zurückbog
und den verletzten Hals wegzog und weichend verwehrte
festzuhalten dem Stahl und nicht ließ weiter ihn dringen:
bis, stets folgend, den Speer in die Gurgel gestoßen Agenors
Sohn eintrieb und zuletzt dem immer gedrängten ein Eichbaum
sperrte den Weg und zugleich mit dem Holze der Nacken
durchbohrt ward.
Abwärts bog sich der Baum von des Drachen Gewicht und
erseufzte,
weil er fühlte den Stamm vom Ende des Schwanzes gegeißelt.
    Während der Sieger den Raum des bewältigten Feindes
betrachtet,
scholl urplötzlich ein Ruf — nicht war zu erkennen von
wannen;
aber er scholl — : »Was schauest du, Sohn des Agenor, die
Schlange,
die du erlegt? Auch du wirst bald als Schlange geschauet.«
Lang stand jener betäubt, und mit der Besinnung die Farbe
war ihm geflohn und die Haare gesträubt vor kaltem Entsetzen.
Siehe gesenkt aus der oberen Luft ist Pallas [Athene], des
Mannes
Schützerin, nah und heißt ihn bergen die Zähne des Drachen
als zukünftigen Volks Anwuchs in gelockertem Erdreich.
Cadmus gehorcht, und wie mit dem Pflug er geöffnet die
Furche,
streut er die menschliche Saat hinein, die befohlenen Zähne.
Drauf — kaum glaublich fürwahr — erhoben gemach sich die
Schollen,
und aus den Furchen zuerst ward sichtlich die Spitze der Lanze,
Decken von Häuptern sodann, die nickten mit farbigem
Helmbusch;

bald auch Schultern und Brust und mit Waffen belastete Arme
treten hervor, und es wächset die Saat schildtragender Männer.
Also, wenn sich erhebt auf festlicher Bühne der Vorhang,
steigen die Bilder empor und zeigen zuerst die Gesichter,
dann allmählich den Leib, und im ruhigen Zuge gehoben
stehen sie ganz und setzen den Fuß auf den untersten Rand auf.
Gegen den anderen Feind will Cadmus die Waffen ergreifen:
»Waffne dich nicht«, so ruft von dem Volk, das die Erde
                                              geschaffen,
einer ihm zu, »und menge dich nicht in die heimische Fehde!«
Und nachgehend durchbohrt er der erdentsprossenen Brüder
einen mit starrendem Schwert. Selbst fällt ihn ein Spieß aus der
                                              Ferne.
Der auch, welcher den Tod ihm sendete, scheidet vom Leben
ebensobald und verhaucht den eben empfangenen Odem.
Ähnliche Wut faßt alle gesamt, und die plötzlichen Brüder
tilgen einander im Kampf durch wechselseitige Wunden,
und mit zuckender Brust schon schlug die gefallene Jugend,
kurz zu leben bestimmt, den blutigen Boden der Mutter.
Fünf nur blieben verschont. Davon war einer Echion.

A. Aubry, M. Küsel u. a., Metamorphosen des Ovid:
Kadmos sät Drachenzähne

Der warf auf das Geheiß Tritonias nieder die Waffen,
heischend und gebend zugleich die Gewähr versöhnlichen
Friedens.
Sie nun nahm zu Genossen des Werks der sidonische
Fremdling,
als er baute die Stadt, wie der Spruch des Phoebus geboten.

Obgleich Ovid eine ältere Fassung des Mythos moderni-
siert, zu einem Kampf mit Speer und Spieß ausgestaltet —
nach älteren Fassungen soll Kadmos den Drachen mit einem
Stein erschlagen haben — und obgleich er auch Theben nicht
durch Kadmos gründen läßt, wie es ältere Fassungen behaupten, sondern durch Echion, einen Sprößling der Drachensaat,
gewissermaßen seinen Sohn, aber das ist bereits patriarchale
Genese, so bleiben doch wichtige Elemente des Gründungsmythos erhalten, die zugleich als Strukturmuster in vielen
Gründungsmythen wiederzuerkennen sind, nämlich: Eine
von einem Drachen, Lindwurm, einer Schlange bewachte
Quelle, die Überwindung des Ungeheuers durch den Helden
und die Gründung einer Stadt, Gesellschaft, Gemeinschaft,
also eines sozialen Organismus mehr oder weniger am
gleichen Ort. Kadmos war Phönizier, er hat einen phönizischen Namen, war Sohn des Königs von Sidon, Agenor,
manchmal auch Phönix genannt, was nichts anderes als
König der Phönizier heißt, und er brachte das phönizische
Alphabet nach Griechenland. Wahrscheinlich schlägt sich in
diesem Mythos die Tatsache der Gründung der ersten
phönizischen Handelsplätze auf griechischem Boden nieder.
Darauf weist auch die Kuh, der Kadmos auf Geheiß des
Orakels folgte. Sie gehörte zur Herde von Pelagon, ein
Name, der vermutlich aus *pelagos* gebildet ist, was im
Griechischen die See bedeutet, die die Phönizier überqueren
mußten, um nach Theben zu gelangen. Daß mit der Stadt-
gründung zugleich auch die Fundamente einer sozialen
Organisation gemeint sind, verrät eine ältere Fassung des
Mythos, nach der Kadmos' Triumph über das Ungeheuer
durch seine Hochzeit mit Harmonia, der Tochter von Ares
und der griechischen Venus Aphrodite, gekrönt wurde.
Anläßlich dieser Hochzeit wurde die Kuh, die Kadmos nach
Theben geführt hatte, Athene geopfert, ein Ritual, das noch
in historischer Zeit zu den thebanischen Festen gehört haben

soll. Kadmos und Harmonia, vielleicht »Kosmos und Harmonie«, waren offenbar schon in mythischer Zeit die Grundlagen der Zivilisation, mit denen nicht zuletzt auch die Kinder der Gründer in Konflikt geraten sollten, wie Ödipus, der, wenn man dem Mythos folgt, als Ururenkel diesem ersten thebanischen Herrschergeschlecht entstammte.

Tatsächlich beginnt die Sage von König Ödipus meist mit der Kinderlosigkeit des herrschenden Königshauses in Theben, der Kinderlosigkeit von König Laios, einem Urenkel von Kadmos und Harmonia, und Königin Iokaste, die nach einigen Überlieferungen dem Geschlecht der Sparten, der Drachensaat, entstammen soll und gewissermaßen als Wiedergeburt des Drachengeschlechtes selbst aufgefaßt werden kann. Um die Gründe für seine Kinderlosigkeit zu erfahren, holt sich Laios ein Orakel aus Delphi, das ihn über sein Schicksal aufklärt: Er wird von seinem eigenen Sohn getötet werden. Nun versucht er das Unmögliche, nämlich seinem Schicksal zu entgehen. Nach einer Überlieferung verstößt er sofort seine Frau Iokaste, die ihn aber zuvor noch betrunken macht, sich von ihm schwängern läßt und nach neun Monaten ihren Sohn Ödipus gebiert. Ödipus heißt Schwellfuß; die Altertumswissenschaftler vermuteten, der mythischen Überlieferung folgend, darin immer einen Hinweis auf einen verkrüppelten oder geschwollenen Fuß. Nach einer anderen Version verstößt Laios Iokaste nicht, beschließt aber seinem Schicksal zu entgehen, indem er seinen Sohn töten läßt. Als Ödipus zur Welt kommt, hat Iokaste jedoch Mitleid mit ihm und setzt ihn heimlich in einem Kasten auf dem Meer aus. Der Kasten wird in Korinth an Land gespült und Ödipus von dem kinderlosen Herrscherpaar Polybos und Periboia an Kindes Statt angenommen und aufgezogen. Und schließlich, nach einer dritten Variante, die Sophokles seiner dramatischen Bearbeitung zugrunde legte, beauftragt Laios einen Hirten, das Kind zu töten. Der hat aber Mitleid mit dem Kind und übergibt das Baby in den Bergen einem korinthischen Kollegen, der es dann als Findelkind zu seinem König Polybos bringt. Den Hirten zu Verschwiegenheit verpflichtend, nehmen Polybos und Periboia Ödipus an Kindes Statt an und Ödipus wächst ahnungslos an ihrem Hof auf. Allen Freunden und Gefährten im Wettkampf überlegen, entwickelt er sich schon zu dem zukünftigen Helden. Da trifft ihn die Mißgunst eines korinthischen Gefährten, der offenbar mehr weiß und ihn bei einem Trinkgelage auf seine mangelhafte Ähnlichkeit mit seinen vermeintlichen Eltern aufmerksam macht. Vom Zweifel gepackt und von Polybos und Periboia merkwürdig ausweichend beschwichtigt, beschließt Ödipus nach Delphi zu gehen und sich über Abkunft und Schicksal aufklären zu lassen. Dort bekommt er das nun schon bekannte Orakel, nach dem er seinen Vater töten und seine Mutter heiraten wird. Diesem Schicksal zu entrinnen, beschließt er, nicht wieder nach Korinth zurückzukehren.

Auf seiner Wanderschaft trifft Ödipus auf dem Wege von Delphi nach Daulis in einem Engpaß, einer Schlucht oder an einer Weggabelung, wie es manchmal heißt, auf Laios, der sich gerade auf dem Weg nach Delphi befindet, um zu erfahren, wie man Theben von der Sphinx befreien könne. Laios zu Wagen und mit Gefolge. Ödipus zu Fuß. Selbstverständlich erkennen oder besser kennen sie sich nicht. Laios herrscht Ödipus an, ihm den Vortritt in dem Engpaß zu lassen. Es kommt zu einem Streit, währenddessen Ödipus Laios' gesamte Gefolgschaft, bis auf einen Mann, der fliehen konnte, erschlägt und Laios, in die Zügel der davongaloppierenden Pferde verstrickt, zu Tode geschleift wird. Nach anderen Versionen erschlägt Ödipus bei diesem Kampf auch Laios. Den Thebanern berichtet der geflohene Gefolgsmann, daß der König von Räubern überfallen und erschlagen worden sei.

Sphinx und ihre Opfer, Trinkschale aus Gela. C. Robert, Oidipus, Bd. 2, Berlin 1915

Als Ödipus dann nach Theben kommt, erfährt er von der Bedrohung der Stadt durch die Sphinx. Als letztes Opfer hatte sie gerade Hemon, den Sohn Kreons, des Bruders der Königin Iokaste, erwürgt und verschlungen. Da bietet sich Ödipus an, die Stadt zu retten und das Rätsel zu lösen: »Es ist der Mensch«, soll er gesagt haben, »als Säugling kriecht er auf allen Vieren, steht in seiner Jugend fest auf zwei Füßen und stützt sich im Alter auf einen Stock.« Andere Versionen behaupten, daß er lediglich »Ich« gesagt haben soll, da stürzte sich die Sphinx von ihrem Felsen in den Tod. Freilich können wir auch einer ganz anderen, vermutlich sehr alten Version Glauben schenken, die auf einem griechischen Salbgefäß dargestellt wird; danach erschlägt er die Sphinx einfach mit einer Keule. Wie auch immer: Er ist der Überwinder der

Ödipus erschlägt die Sphinx, Rotfigurige attische Lekythos, Museum Boston

Sphinx und der Befreier der Stadt Theben. Damit hat er auch deren Königin erobert. Ohne zu wissen, daß sie seine Mutter ist, heiratet Ödipus Iokaste und zeugt mit ihr vier Kinder: Eteokles, Polyneikes, Antigone und Ismene. Als Held und Opfer zugleich kann natürlich auch Ödipus seinem Schicksal nicht entgehen; als Strafe für sein Vergehen — Vatermord und Blutschande — wird Theben von einer Pest heimgesucht, Volk und Vieh werden von dem Fluch, als solcher wurde die Pest immer verstanden, dahingerafft. Unfruchtbarkeit und

Tod sind die Strafe für den Eingriff in die göttlich-gesell-schaftliche Ordnung. Hier setzt das sophokleische Drama *Ödipus Tyrannos* ein, in dessen fünf Teilen gleichsam wie in einem Kriminalprozeß die Straftaten des Helden, nämlich Vatermord und der Inzest mit der Mutter, Stück für Stück aufgeklärt werden.

Ohnmächtig gegenüber der Pest, die sich als Unfruchtbar-keit von Menschen, Tieren und Natur zugleich als erhebliche Störung des humanökologischen Reproduktionszusammen-hangs bemerkbar macht, befragt Kreon, der Bruder Iokastes, das delphische Orakel, wie man sich davon befreien könne und erhält als Antwort, daß man den Mörder des Laios aus Theben vertreiben müsse. Ödipus, noch ahnungslos, ver-spricht alles zu tun, den Mörder ausfindig zu machen und aus der Stadt zu vertreiben. Er spricht über ihn und damit über sich selbst den Bannfluch aus.

Da man jedoch den Täter noch nicht kennt, wird auf Ödipus' Veranlassung der blinde Seher Teiresias geholt, der als der einzig wahrhaft weise Bürger Thebens galt. Wie Ödipus ein Nachkomme der Drachensaat, hatte er in seiner Jugend Athene beim Bade überrascht: Zur Strafe machte sie ihn blind, hatte dann aber Mitleid und weihte ihn zum Wahrsager. Nach einer anderen Version soll er als Hirte Schlangen an einer Wegscheide am Kithairon bei der Paarung gesehen und das Schlangenweibchen getötet haben. Darauf soll er in eine Frau verwandelt worden sein und die Lieben des Mannes erfahren haben. Sieben Jahre später erblickte er wieder Schlangen bei der Paarung, erschlug diesmal die männliche Schlange und wurde in einen Mann zurückver-wandelt. Auf Grund dieser Erfahrung von Zeus und Hera zur Schlichtung eines Streits bestellt: ob das männliche oder das weibliche Geschlecht mehr von der Liebe hätte, antwortete er, daß der Mann nur ein Zehntel des Vergnügens der Frau habe. Darauf strafte ihn Hera mit Blindheit, Zeus aber verlieh ihm die Gabe eines Sehers.

Teiresias also, der den Sachverhalt kennt, will zunächst nicht sprechen, kommt dann aber doch mit einer allerdings nicht weniger orakelhaften Erklärung heraus, daß nämlich der Schuldige in Theben lebe, Bruder und Vater seiner Kinder und Gatte und Sohn seiner Ehefrau zugleich sei. Schließlich beschuldigt er Ödipus, der gesuchte Mann zu sein, obgleich Ödipus doch als angeblich korinthischer Königssohn ein scheinbar unerschütterliches Alibi hat. Darum bezichtigt Ödipus nun Kreon, Teiresias bestochen zu haben, ihn, Ödipus des Vatermordes anzuklagen, um selbst König von Theben zu werden. Jedoch durch Zeugenaussagen von Iokaste und den beteiligten Hirten kommt ans Licht, daß er, Ödipus, jenes ausgesetzte Kind von Laios und Iokaste war, das später von Polybos und Periboia an Kindes Statt angenommen wurde. Der exakte Bericht über die Umstände von Laios' Tod drängt schließlich Ödipus die Erkenntnis auf, daß er selbst, der Retter und Held Thebens, seinen Vater erschlagen und seine Mutter geheiratet habe. In dieser ausweglosen Situation erhängt sich Iokaste an ihrem Gürtel und Ödipus blendet sich mit einer Gewandnadel Iokastes.

> »Ihr im Lande Thebe Bürger, sehet diesen Ödipus,
> Der berühmte Rätsel löste, der vor allen war ein Mann.
> Der nicht auf der Bürger Eifer, nicht gesehen auf das Glück,
> Wie ins Wetter eines großen Schicksals er gekommen ist,
> Darum schauet hin auf jenen, der zuletzt erscheint, den Tag,
> Wer da sterblich ist, und preiset glücklich keinen, ehe denn er
> An des Lebens Ziel gedrungen, Elend nicht erfahren hat.«

So schließt der Chor in Hölderlins Übertragung des *Ödipus Tyrannos*. Seinem eigenen Bannfluch folgend verläßt Ödipus später auf Geheiß seines Sohnes Polyneikes Theben. In dem daran anschließenden Drama *Ödipus auf Kolonos* wird von Sophokles der Tod oder besser das Verschwinden von Ödipus im heiligen Hain der Erinnyen bei Kolonos dargestellt. Ödipus soll hier auf geheimnisvolle Weise in einer Erdspalte, in Gegenwart von Theseus verschwunden sein:

> »   . . . die Erde tat
> sich auf und nahm ihn sanft in ihren Schoß.
> ganz ohne Qual und Krankheit war der Mann
> entrückt und wunderbar wie nie ein Mensch.«

So schildert ein Bote das Verschwinden eines Ururenkels der Drachensaat. Er ist dahin zurückgekehrt, woher er kam.

Friedrich Hölderlin: Ödipus der Tyrann
(Nach: Sophokles: ›Ödipus Tyrannos‹)

Vorbemerkung

Als exemplarische Nachdichtung des sophokleischen Ödipus Tyrannos von einem »Ödipus« gilt Hölderlins Ödipus der Tyrann. Verfaßt von dem wahnsinnigen Hölderlin, dessen Krankheit der Psychoanalytiker Otto Rank als »Regression zur Mutter« beschrieb. Hölderlin, der seinen Vater im Alter von zwei Jahren verlor, war zeit seines Lebens in seine Mutter verliebt. Ihr widmete er zahlreiche Liebesgedichte. Seine Fixierung an die Mutter äußerte sich aber auch darin, daß er sich immer in Frauen anderer Männer verliebte, wie die Mutter seiner Zöglinge in Frankfurt, Susette Gontard, oder die Frau von Kalb. Darum können wir seine Übertragung auch in gewisser Weise als authentisch ansehen. Wenn ihm auch von Gräzisten eine schlechte Kenntnis der griechischen Grammatik nachgesagt wird, galt er doch unter seinen Freunden Hegel und Schelling immer als »der Grieche«. Wer sollte auch Ödipus besser verstehen, als Ödipus selbst. »In die Ferne sehend, nach dem Taunus, still getränkt im Abendschein, der die Nebel durchlichtet, die flüchtenden, die ihn umschweifen; — da denk ich mir das Grabmal selber ihm erkoren von Vater und Mutter, sein Kithäron . . . Hölderlin schläft über dem Grabe des Ödipus«, schrieb die Romantikerin Bettina von Arnim an ihre Freundin Günderode, als sie Hölderlins »Ödipus« gelesen hatte (vergl. Gisela Dischner, Bettina von Arnim, WAT 30, p. 118 f.).

PERSONEN DES DRAMA

ÖDIPUS
EIN PRIESTER
KREON
TIRESIAS
JOKASTA
EIN BOTE
EIN DIENER DES POLYBOS
EIN ANDERER BOTE
CHOR von Thebanischen Alten

Ödipus und Sphinx, Rotfigurige Trinkschale, Vatikanisches Museum, Rom

ERSTER AKT

ERSTE SZENE

Ödipus. Ein Priester

ÖDIPUS.   O ihr des alten Kadmos Kinder, neu Geschlecht,
in welcher Stellung hier bestürmt ihr mich,
Ringsum gekränzt mit bittenden Gezweigen?
Auch ist die Stadt mit Opfern angefüllt,
Vom Päan und von seufzendem Gebet;
Das wollt' ich nicht von andern Boten, Kinder,
Vernehmen, selber komm' ich hieher, ich,
Mit Ruhm von allen Ödipus genannt.
Doch, Alter, rede! denn du bist geschickt,
Für die zu sprechen; welcher Weise, steht
In Furcht ihr oder leidet schon? Ich will
Für alles helfen. Fühllos wäre ich ja,
Hätt' ich vor solcher Stellung nicht Erbarmen.
DER PRIESTER.   O Herrscher meines Landes, Ödipus!
Du siehest uns, wie viele niederliegen
An deinem Altar, diese, weit noch nicht
Zu fliegen stark, die anderen, die Priester,
Von Alter schwer. Ich bin des Zeus! Aus Jünglingen
Erwählt sind die. Das andere Gezweig
Häuft sich bekränzt auf Plätzen, bei der Pallas
Zweifachem Tempel, und des Ismenos
Weissagender Asche. Denn die Stadt, die du siehst,
Sehr wankt sie schon, und heben kann das Haupt
Vom Abgrund sie nicht mehr und roter Welle.
Sie merkt den Tod in Bechern der fruchtbarn Erd',
In Herden und in ungeborener Geburt
Des Weibs; und Feuer bringt von innen
Der Gott der Pest und leert des Kadmos Haus;
Von Seufzern reich und Jammer wird die Hölle.
Nun acht ich zwar den Göttern dich nicht gleich,
Noch auch die Kinder hier, am Altar liegend,
Doch als den ersten in Begegnissen
Der Welt und auch in Einigkeit der Geister.
Du kamst und lösetest des Kadmos Stadt

Vom Zolle, welchen wir der Sängerin,
Der Grausamen gebracht; und das von uns
Nichts weiter wissend, noch belehrt; durch Gottes Ruf
Sagt man und denkt, du habst uns aufgerichtet.
Jetzt aber auch, o Haupt des Ödipus!
Stark über alle, flehen wir dich an,
Demütig, einen Schutz uns zu erfinden,
Habst du gehört von Göttern eine Stimme,
Habst dus von einem Manne, denn ich weiß,
Daß auch Verhängnisse sogar am meisten
Sich durch den Rat Erfahrener beleben.
Wohlan, der Menschen Bester! richte wieder auf
Die Stadt, wohlan sei klug! Es nennt das Land
Den Retter dich vom alten wilden Sinne;
Zu wenig denkt man aber deiner Herrschaft,
Sind wir zurecht gestellt und fallen wieder.
Mit Festigkeit errichte diese Stadt!
Denn herrschest du im Lande, wie du Kraft hast,
Ist schöner es von Männern voll, als leer.
Denn nichts ist weder Turm noch Schiff allein,
Wenn Männer drinnen nicht zusammen wohnen.

    ÖDIPUS.   O Kinder arm, Bekanntes, unbekannt nicht,
Kommt ihr begehrend. Denn ich weiß es wohl,
All seid ihr krank, und so, daß euer keiner
Krank ist, wie ich. Denn euer Leiden kommt
Auf einen, der allein ist bei ihm selber,
Auf keinen andern nicht. Und meine Seele
Beklagt die Stadt zugleich und mich und dich,
Und nicht vom Schlafe weckt ihr schlafend mich;
Ihr wisset aber, daß ich viel geweint,
Viel Sorgenweg' auf Irren bin gekommen.
Was aber wohl erforschend ich erfand,
Ich hab' es ausgeführt, das eine Mittel.
Den Sohn Menökeus, Kreon, meinen Schwager,
Sandt' ich zu Phöbos Häusern, zu den Pythischen,
Damit er schauen möge, was ich tun,
Was sagen soll, um diese Stadt zu retten.
Und schon macht Sorge mir, durchmessen von der Zeit
Der Tag, was er wohl tut. Denn mehr, als schicklich,
Bleibt aus er über die gewohnte Zeit.

Doch wenn er kommt, dann wär ich böse, tät ich
Nicht alles, was uns offenbart der Gott.

DER PRIESTER.   Zum Schönen sprachest du, und eben sagen
Des Kreons Ankunft diese da mir an.

ÖDIPUS.   O König Apollon! trifft er nämlich hier ein,
Mag glänzend er mit Rettersauge kommen.

DER PRIESTER.   Er scheint jedoch vergnügt;
                                              er käme sonst nicht
So vollgekrönt vom Baum der Bäume, dem Lorbeer.

ZWEITE SZENE

Ödipus. Der Priester. Kreon

ÖDIPUS.   Gleich wissen wirs. Nah ist er, daß man hört.
O König, meine Sorge, Sohn Menökeus,
Welch eine Stimme bringst du von dem Gotte?

KREON.   Die rechte. Denn ich sag', auch Schlimmes, wenn
Es recht hinausgeht, überall ists glücklich.

ÖDIPUS.   Was für ein Wort ists aber. Weder kühn,
Noch auch vorsichtig macht mich diese Rede.

KREON.   Willst du es hören hier, wo die umherstehn?
Bereit bin ich, zu reden oder mitzugehn.

ÖDIPUS.   Vor allen sag' es, denn für diese trag'
Ich mehr die Last, als meiner Seele wegen.

KREON.   Mög' ich denn sagen, was vom Gott ich hörte.
Geboten hat uns Phöbos klar, der König,
Man soll des Landes Schmach, auf diesem Grund genährt,
Verfolgen, nicht Unheilbares ernähren.

ÖDIPUS.   Durch welche Reinigung? welch Unglück ists?

KREON.   Verbannen sollen, oder Mord mit Mord
Ausrichten wir, solch Blut reg' auf die Stadt.

ÖDIPUS.   Und welchem Mann bedeutet er dies Schicksal?

KREON.   Uns war, o König! Lajos vormals Herr
In diesem Land', eh du die Stadt gelenket.

ÖDIPUS.   Ich weiß es, habs gehört, nicht wohl gesehn.

KREON.   Da der gestorben, will er deutlich nun,
Daß man mit Händen strafe jene Mörder.

ÖDIPUS.   Doch wo zu Land sind die? wo findet man

Die zeichenlose Spur der alten Schuld?

KREON.   In diesem Lande, sagt er. Was gesuchet wird,
Das fängt man. Es entflieht, was übersehn wird.

ÖDIPUS.   Fällt in den Häusern oder draußen Lajos?
Fällt er in fremdem Land in diesem Morde?

KREON.   Gott anzuschauen, ging er aus, so hieß es,
Nicht kehrt' er in das Haus, wie er gesandt war.

ÖDIPUS.   Sah's nicht ein Bote oder ein Begleiter,
Von dem es einer hört' und forschete?

KREON.   Tot sind sie. Einer nur, der floh aus Furcht,
Wußt' eins von dem zu sagen, was er wußte.

ÖDIPUS.   Und was? denn *eins* gibt vieles, zu erfahren,
Wenn kleinen Anfang es empfängt von Hoffnung.

KREON.   Ihn hätten Räuber angefallen, sagt er,
Nicht eine Kraft, zu töten, viele Hände.

ÖDIPUS.   Wie konnt' er nun, wenn es um Silber nicht
Der Räuber tat, in solche Frechheit eingehn?

KREON.   Wohl, dennoch war, als Lajos umgekommen,
Nicht einer, der zu helfen kam im Übel.

ÖDIPUS.   Welch Übel hindert es, da so die Herrschaft
Gefallen war, und wehrte nachzuforschen?

KREON.   Uns trieb die sängereiche Sphinx, da wirs gehört,
Das Dunkle, was zu lösen war, zu forschen.

ÖDIPUS.   Von Anbeginn will aber ichs beleuchten.
Denn treffend hat Apollo, treffend du
Bestimmet diese Rache dem Gestorbnen;
Daß offenbar als Waffenbruder ihr
Auch mich sehn werdet, Rächer dieses Lands,
Des Gottes auch. Nicht fremder Lieben wegen,
Selbst, mir zulieb, vertreib' ich solchen Abscheu.
Denn welcher jenen tötete, wohl möcht' er
Auch mich ermorden mit derselben Hand.
Indem ich jenem diene, nütz' ich mir.
Doch, Kinder, schnell steht von den Stufen auf,
Und nehmet hier die bittenden Gezweige.
Ein andrer sammle Kadmos Volk hieher.
Denn alles werd' ich tun, entweder glücklich
Erscheinen mit dem Gott wir oder stürzen.

DIE PRIESTER: O Kinder! stehn wir auf. Denn darum kamen
Wir hieher auch, weswegen dies gesagt ward.

Und der gesandt die Prophezeiungen,
Als Retter komm' und Arzt der Krankheit Phöbos.
Sie gehen ab.

CHOR DER THEBANISCHEN ALTEN

O du von Zeus hold redendes Wort, was bist du für eins
wohl
Von der goldereichen Pytho
Zu der glänzenden gekommen, zu Thebe?
Weit bin ich gespannt im furchtsamen Sinne,
Von Ängsten taumelnd.
Klagender, delischer Päan,
Ringsum dich fürchtend,
Wirst du ein neues, oder, wiederkehrend
Nach rollenden Stunden, mir vollenden ein Verhängnis?
Sags mir, der goldenen Kind,
Der Hoffnung, du, unsterbliche Sage!

Zuerst dich nennend komm' ich,
Zeus Tochter, unsterbliche Athene,
Und den Erdumfassenden, und
Die Schwester Artemis, die
Den kreisenden, der Agora Thron,
Den rühmlichen besitzet,
Und den Phöbos fernhin treffend. Jo! Jo!
Ihr drei todwehrenden! Erscheinet mir!
Wenn vormals auch, in vergangener Irre,
Die hergestürzt war über die Stadt,
Vertrieben ihr die Flamme des Übels,
So kommet auch jetzt, ihr Götter!

Unzählig nämlich trag ich Übel,
Und krank ist mir das ganze Volk.
Nicht einem blieb der Sorge Speer,
Von welchem einer beschützt wird. Noch erwachsen
Die Sprossen des rühmlichen Lands,
Noch halten für die Geburt
Die kläglichen Mühen aus
Die Weiber. Einen aber über
Den andern kannst du sehn,

Wie wohlgeflügelte Vögel,
Und stärker, denn unaufhaltsames Feuer,
Sich erheben zum Ufer des abendlichen
Gottes, wodurch zahllos die Stadt
Vergeht. Die armen aber, die Kinder,
Am Felde tödlich liegen
Sie unbetrauert. Aber drin die grauen
Fraun und die Mütter
Das Ufer des Altars, anderswoher
Andre die grausamen Mühn
Abbüßend umseufzen,
Und der Päan glänzt und die seufzende Stimme
Mitwohnend.

   Darum o goldene
Tochter Zeus, gutblickende, sende
Stärke. Und den Ares, den reißenden, der
Jetzt, ohne den ehernen Schild,
Mir brennend, der verrufne, begegnet,
Das rückgängige Wesen treibe zurück
Vom Vaterlande, ohne Feuer, entweder ins große
Bett Amphitrites oder
In den unwirtlichen Hafen,
In die Thrazische Welle.
Am Ende nämlich, wenn die Nacht gehet,
Herein ein solcher Tag kommt.
Ihn dann, o du der richtet von zündenden Wetterstrahlen
Die Kräfte, Jupiter! Vater! unter deinem
Verderb' ihn, unter dem Blitz!
Lycischer König, die deinen auch, vom heiligfalschen
Bogen möcht' ich die Pfeile,
Die Ungebundensten, austeilen,
Wie Gesellen, zugeordnet!
Und den zündenden, ihn, der Artemis Schein,
Womit sie springt durch Lycische Berge!
Auch ihn nenn' ich, benannt nach diesem Lande,
Den berauschten Bacchus, den Evier,
Mit Mänaden vereinsamt; dieser komme,
Mit der glänzend scheinenden Fackel brennend,
Auf ihn, der ehrlos ist vor Göttern, den Gott!

ZWEITER AKT

Ödipus. Der Chor

ÖDIPUS.   Du bittest, wie du bittest, willst von mir du
Zum Ohr die Worte nehmen und der Krankheit weichen,
Kraft sollst du haben und Erleichterung
Des Übels. Forschen will ich, bin ich gleich
Fremd in der Sache, fremder noch im Vorgang.
Nicht weit hätt' ich geforscht, hätt' ich kein Zeichen.
Nun aber komm', ein später Bürger, ich
Den Bürgern, ruf euch, allen Kadmiern,
Wer unter euch den Sohn des Labdakos
Lajos gekannt, durch wen er umgekommen,
Dem sag' ich, daß ers all anzeige mir,
Und wenn die Klag' er fürchtet, gibt er's selbst an,
So wird unsanft er anders nicht erleiden.
Vom Lande geht er unbeschädiget.
Wenn aber einen andern einer weiß,
Von andrem Land, er schweige nicht den Täter;
Denn den Gewinn vollbring' ich, und der Dank
Wird auch dabei sein; wenn ihr aber schweigt,
Und fürchtend für den Lieben oder sich
Es einer wegschiebt, was ich darin tue,
Das hört von mir. Um dieses Mannes willen,
Fluch ich (wer er auch sei im Lande hier,
Von dem die Kraft und Thronen ich verwalte)
Nicht laden soll man, noch ansprechen ihn,
Zu göttlichen Gelübden nicht, und nicht
Ihn nehmen zu den Opfern, noch die Hände waschen,
Soll überall vom Haus ihn treiben, denn es ist
Ein Schandfleck solcher uns. Es zeiget dies
Der Götterspruch, der Pythische, mir deutlich.
So bin ich nun mit diesem Dämon und
Dem toten Mann ein Waffenbruder worden.
Ich wünsche, ders getan, sei einer nur
Verborgen, seis mit mehreren, er soll
Abnützen schlimm ein schlimm unschicklich Leben;
Wünsch auch, wenn der von meinem eignen Haus'

Ein Tischgenoß ist und ich weiß darum,
Zu leiden, was ich diesem hier geflucht.
Doch euch befehl' ich dieses all zu tun
Von meinet- und des Gotts und Landes wegen,
Das fruchtlos so und götterlos vergehet.
Nicht, wär' auch nicht von Gott bestimmt die Sache,
War billig es, so unrein euch zu lassen,
Da umgekommen ist der beste Mann, der Fürst,
Hingegen zu erforschen. Aber jetzt hab' ich
Erlangt die Herrschaft, die zuvor er hatt',
Erlangt das Bett und das gemeinsame
Gemahl und Kinder auch, wenn das Geschlecht
Ihm nicht verunglückt wäre, wären uns
Gemein; doch traf das Schicksal jenes Haupt,
Für das, als wärs mein Vater, will ich streiten,
Auf alles kommen, greif ich einst den Mörder,
Zulieb des Labdakos und Polydoros Sohn
Und alten Kadmos, der vormals regiert.
Und die dies nicht tun, über diese bet' ich,
Zu Göttern, daß sie nicht ein Land, zu pflügen,
Noch Kinder ihnen gönnen von den Weibern,
Daß sie vergehn durch solch Geschick und schlimmers.
Doch uns, den andern Kadmiern, denen dies
Gefället, die im Falle Waffenbrüder,
Allzeit sein wohl mit uns die Götter alle.
    CHOR.   Da du im Fluche mich anfassest, König, red'
Ich so, nicht mordet' ich, nein! nicht kann ich
Den Mörder zeigen. Sucht man aber nach,
Muß Phöbos Botschaft sagen, wer's getan hat.
    ÖDIPUS.   Recht sprachest du. Doch nötigen die Götter,
Wo sie nicht wollen, kann nicht ein Mann, auch nicht einer.
    CHOR.   Das zweite möcht' ich sagen, das mir dünkt.
    ÖDIPUS.   Ein drittes auch, versäum's nicht, daß du schwiegest.
    CHOR.   Am meisten weiß hierin vom König Phöbos
Tiresias der König, wenn den einer fragt',
Am deutlichsten, o König! könnt' ers hören.
    ÖDIPUS.   Nicht hab' ich dies, wie träge, dies auch nicht
Versucht. Ich sandt', auf Kreons Rat, zwei Boten.
Und lang schon wundert man sich, daß er ausbleibt.
    CHOR.   Auch sind die andern längst umsonst die Worte.

ÖDIPUS.   Wie sind sie dies? denn alle Worte späh' ich.
CHOR.   Man sagt, er sei von Wanderern getötet.
ÖDIPUS.   Ich hört' es auch, doch den sieht niemand,
                                         der's gesehn.
CHOR.   Doch wenn von Furcht er mit sich einen Teil hat,
Und deinen hört, er hält nicht solchen Fluch aus.
ÖDIPUS.   Der, wenn ers tut, nicht Scheu hat, scheut
                                    das Wort nicht.
CHOR.   Doch einer ist, der prüft ihn. Diese bringen
Den göttlichen, den Seher schon daher,
Der Wahrheit innehat allein von Menschen.

ZWEITE SZENE

Ödipus. Der Chor. Tiresias

ÖDIPUS.   O der du alles bedenkst, Tiresias!
Gesagtes, Ungesagtes, Himmlisches und was
Auf Erden wandelt. Siehst du auch die Stadt nicht,
So weißt du doch, in welcher Krankheit sie
Begriffen ist. Von ihr, als ersten Retter,
O König, finden wir allein dich aus.
Denn Phöbos, wenn du gleich nicht hörst die Boten,
Entgegnete die Botschaft unsrer Botschaft,
Es komm' allein von dieser Krankheit Rettung,
Wenn wir die Mörder Lajos, wohl erforschend,
Umbrächten oder landesflüchtig machten.
Du aber neide nun die Sache nicht von Vögeln,
Zu lösen dich, die Stadt, auch mich zu lösen,
Zu lösen auch die ganze Schmach des Toten.
Dein nämlich sind wir. Und daß nütz' ein Mann,
So viel er hat und kann, ist schönste Mühe.
TIRESIAS.   Auch! ach! wie schwer ist Wissen, wo es unnütz
Dem Wissenden. Denn weil ich wohl es weiß,
Bin ich verloren; nicht wär' ich gekommen!
ÖDIPUS.   Was ists, daß du so mutlos aufgetreten?
TIRESIAS.   Laß mich nach Haus. Am besten wirst du deines,
ich meines treiben, bist du mir gefolgt.
ÖDIPUS.   Nicht recht hast du geredt, noch Liebes für die Stadt,
Die dich genährt, entziehend diese Sage.

TIRESIAS.   Ich sehe nämlich zu, wie dir auch, was du sagst,
Nicht recht geht, um nicht gleiches zu erfahren.
CHOR.   Bei Göttern nicht! seis mit Bedacht auch! kehre
Nicht um! denn all knien flehend wir vor dir.
TIRESIAS.   Denn alle seid ihr sinnlos. Aber daß ich nicht
Das meine sage! nicht dein Übel künde!
ÖDIPUS.   Was sagst du, sprichst du nicht, wenn du es weißt,
Willst du verraten uns, die Stadt verderben?
TIRESIAS.   Ich sorg' um mich, nicht dich; du kannst
                                                    im Grund
Nicht tadeln dies. Du folgtest mir ja doch nicht!
ÖDIPUS.   Sprichst du der Schlimmen Schlimmster (denn du bis
nach Felsenart gemacht) einmal heraus?
Erscheinst so farblos du, so unerbittlich?
TIRESIAS.   Den Zorn hast du getadelt mir. Den deinen,
Der beiwohnt, siehst du nicht, mich aber schiltst du.
ÖDIPUS.   Wer sollte denn nicht solchem Worte zürnen,
Mit welchem du entehrest diese Stadt?
TIRESIAS.   Es kommet doch, geh' ich auch weg mit Schweiger
ÖDIPUS.   Mitnichten kommt es! sagen mußt dus mir!
TIRESIAS.   Nicht weiter red' ich. Zürne, wenn du willst,
Darob mit Zorn, der nur am wildsten ist.
ÖDIPUS.   O ja! ich werde nichts, wie auch der Zorn sein mag
Weglassen, was ich weiß. Verdächtig bist du mir,
Mit angelegt das Werk zu haben und gewirkt,
Nur nicht mit Händen mordend; wärst du sehend.
Das Werk auch, sagt' ich, sei von dir allein.
TIRESIAS.   In Wahrheit! Ich bestätig' es, du bleibst
Im Tone, wo du anfingst, redest noch
Auf diesen Tag zu diesen nicht, zu mir nicht,
Du sprichst mit dem, der unsrem Land' ein Fleck ist.
ÖDIPUS.   So schamlos wirfst du dieses Wort heraus?
Und glaubest wohl, nun wieder dich zu sichern?
TIRESIAS.   Gesichert bin ich, nähr' ein Kräftigwahres.
ÖDIPUS.   Von wem belehrt? denn nicht aus deiner Kunst ist's
TIRESIAS.   Von dir. Du zwangst mich wider Willen zu reden.
ÖDIPUS.   Und welch Wort? wiederhol's, daß ich es
                                                    besser weiß.
TIRESIAS.   Weißt dus nicht längst? und reden zu Versuch wir?
ÖDIPUS.   Nichts, was man längst weiß, wiederhol's!

TIRESIAS.   Des Manns Mord, den du suchst, ich sag',
                                auf dich da fällt er.
ÖDIPUS.   Mit Lust jedoch nicht, zweifach mißlich sprichst du.
TIRESIAS.   Sag' ich noch anders nun, damit du mehr zürnst.
ÖDIPUS.   Wieviel du willst! vergebens wird's gesagt sein!
TIRESIAS.   Ganz schändlich, sag' ich, lebst du mit den Liebsten
Geheim, weißt nicht, woran du bist im Unglück.
ÖDIPUS.   Glaubst du allzeit frohlockend dies zu sagen?
TIRESIAS.   Wenn irgend etwas nur der Wahrheit Macht gilt.
ÖDIPUS.   Sie gilt, bei dir nicht, dir gehört dies nicht,
Blind bist an Ohren du, an Mut und Augen.
TIRESIAS.   Elend bist aber du, du schiltst, da keiner,
Der bald nicht so wird schelten gegen dich.
ÖDIPUS.   Der letzten Nacht genährt bist du, mich nimmer,
Nicht einen andern siehst du, der das Licht sieht.
TIRESIAS.   Von dir zu fallen, ist mein Schicksal nicht,
Apollo bürgt, der dies zu enden denket.
ÖDIPUS.   Sind Kreons oder sind von dir die Worte?
TIRESIAS.   Kreon ist dir kein Schade, sondern du bists.
ÖDIPUS.   O Reichtum, Herrschaft, Kunst, die Kunst
Im eiferreichen Leben übertreffend!
Wie groß ist nicht der Neid, den ihr bewachet!
Wenn dieser Herrschaft wegen, die die Stadt mir
Gegeben, ungefordert anvertraut hat,
Kreon von der, der treue, lieb von je,
Geheim anfallend mich zu treiben strebet?
Bestellend diesen listgen Zauberer,
Den trügerischen, bettelhaften, der Gewinn
Nur ansieht, aber blind an Kunst geboren.
Denn siehe, sag', ob du ein Seher weise bist?
Was sangst du nicht, als hier die Sängerin war,
Die hündische, ein Löselied den Bürgern?
Obgleich das Rätsel nicht für jeden Mann
Zu lösen war und Seherkunst bedurfte,
Die weder du von Vögeln als Geschenk
Herabgebracht, noch von der Götter einem.
Doch ich, der ungelehrte Ödipus,
Da ich dazu gekommen, schweigte sie,
Mit dem Verstand es treffend, nicht gelehrt
Von Vögeln. Auszustoßen denkst du

Den, meinest nah an Kreons Thron zu kommen.
Mit Tränen wirst du, wie mir dünkt, und ders
Zusammen spann, es büßen. Wärst du alt nicht,
Du würdest leidend fühlen, wie du denkst.

CHOR.   Es scheinen uns zugleich von dem die Worte
Im Zorn gesagt und deine, Ödipus.
Doch dies bedarfs nicht, wie des Gottes Spruch
Am besten sei zu lösen, ist zu sehn.

TIRESIAS.   Bist du noch eigenmächtig, muß ein Gleiches
Ich dir erwidern. Hierin hab' ich auch Macht.
Nicht dir leb' ich ein Knecht, dem Loxias,
Nicht unter Kreon werd' ich eingeschrieben.
Ich sage aber, da mich Blinden du auch schaltst,
Gesehen hast auch du, siehst nicht, woran du bist,
Im Übel, wo du wohnst, womit du hausest.
Weißt du, woher du bist? du bist geheim
Verhaßt den Deinen, die hier unten sind,
Und oben auf der Erd', und ringsum treffend
Vertreibet von der Mutter und vom Vater
Dich aus dem Land der Fluch gewaltig wandelnd,
Jetzt sehend wohl, hernach in Finsternis;
Und deins Geschreies, welcher Hafen wird
Nicht voll sein, welcher Kithäron nicht mitrufen bald?
Fühlst du die Hochzeit, wie du landetest
Auf guter Schiffahrt an der Uferlosen?
Der andern Übel Menge fühlst du auch nicht,
Die dich zugleich und deine Kinder treffen.
Nun schimpfe noch auf Kreon und auch mir
Ins Angesicht, denn schlimmer ist, als du,
Kein Sterblicher, der jemals wird gezeuget sein.

ÖDIPUS.   Ist wohl von dem zu hören dies erduldbar?
Gehst du zugrund nicht plötzlich? wendest nicht
Den Rücken hier dem Haus und kehrst und gehest?

TIRESIAS.   Nicht wär' ich hergekommen, riefst du nicht.

ÖDIPUS.   Wohl wußt' ich nicht, du würdest Tolles reden,
Sonst hätt' ich nicht dich her ins Haus geholt.

TIRESIAS.   Wir sind also geboren, wie du meinst,
Toll, eines Sinns, den Eltern, die dich zeugten.

ÖDIPUS.   Und welchen? Bleib! wer zeugt mich unter
                                                          Menschen?

TIRESIAS.   Der Tag, der! wird dich zeugen und verderben.
ÖDIPUS.   Wie sagst du alles rätselhaft und dunkel!
TIRESIAS.   Dennoch glückt dir nicht sehr, derlei zu lösen.
ÖDIPUS.   Schilt das, worin du wirst mich groß erfinden.
TIRESIAS.   Es hat dich freilich dies Geschick verderbt.
ÖDIPUS.   Doch rettet ich die Stadt, so acht' ichs nicht.
TIRESIAS.   Ich geh' also. Du Knabe, führe mich!
ÖDIPUS.   Er mag dich führen, wenn du so dabei bist,
Du möchtest vollends noch das Elend häufen.
    TIRESIAS.   Ich hab's gesagt, ich geh', um des, warum ich kam,
Dein Angesicht nicht fürchtend. Nichts ist, wo du mich
Verderbest, sage aber dir, der Mann, den längst
Du suchest, drohend und verkündigend den Mord
Des Lajos, der ist hier, als Fremder, nach der Rede,
Wohnt er mit uns, doch bald als Eingeborner,
Kund wird er als Thebaner sein, und nicht
Sich freun am Unfall. Blind aus Sehendem,
Und arm, statt reich, wird er in fremdes Land
Vordeutend mit dem Zepter wandern müssen.
Kund wird er aber sein, bei seinen Kindern wohnend
Als Bruder und als Vater und vom Weib, das ihn
Gebar, Sohn und Gemahl, in *einem* Bette mit
Dem Vater und sein Mörder; geh hinein! bedenks!
Und findest du als Lügner mich, so sage,
Daß ich die Seherkunst jetzt sinnlos treibe.
                    Sie gehen ab.

                CHOR DER THEBANISCHEN ALTEN

    Wer ists, von welchem prophezeiend
Gesprochen hat der delphische Fels,
Als hab' Unsäglichstes
Vollendet er mit blutigen Händen?
Es kommet die Stunde, da kräftiger er,
Denn sturmgleich wandelnde Rosse, muß
Zu der Flucht die Füße bewegen.
Denn gewaffnet auf ihn stürzt
Mit Feuer und Wetterstrahl
Zeus Sohn, und gewaltig kommen zugleich
Die unerbittlichen Parzen.

    Geglänzt hat nämlich vom
Schneeweißen, eben erschienen
Ist von Parnassos die Sage,
Der verborgene Mann sei überall zu erforschen.
Denn er irret unter wildem Wald
In Höhlen und Felsen, dem Stier gleich,
Der Unglückliche mit Unglücksfüßen, verwaist,
Die Prophezeiungen flieht er
Die, aus der Mitte der Erd',
Allzeit lebendig fliegen umher.

        Gewaltiges regt, Gewaltiges auf
      Der weise Vogeldeuter;
      Das weder klar ist, noch sich leugnet,
      Und was ich sagen soll, ich weiß nicht,
      Flieg' aber in Hoffnungen auf,
      Nicht hieher schauend, noch rückwärts.
      Denn was ein Streit ist zwischen
      Den Labdakiden und Polybos Sohn,
      Nicht vormals hab' ichs
      Gewußt, noch weiß ich jetzt auch,
      In welcher Prüfung
      Ich begegne
      Der fremden Sage von Ödipus,
      Den Labdakiden ein Helfer
      Im verborgenen Tode?
  Zeus aber und Apollon
Sind weis' und kennen die Sterblichen.
Daß aber unter Männern
Ein Seher mehr ist geachtet, denn ich,
Ist nicht ein wahres Urteil.
Mit Weisheit die Weisheit
Erwidre der Mann.
Nicht möcht' ich aber jemals, eh ich säh'
Ein gerades Wort, mich unter
Den Tadelnden zeigen. Denn offenbar
Kam über ihn die geflügelte Jungfrau,
Vormals, und weise erschien sie,
In der Prüfung aber freundlich der Stadt. Darum
Nach meinem Sinne niemals
Wird er es büßen, das Schlimme.

DRITTER AKT

Kreon. Der Chor

KREON.   Ihr Männer! Bürger! harte Wort' erfahr' ich,
Daß mich beschuldigt Ödipus, der Herr.
Deswegen komm' ich, leidend. Wenn er nämlich denkt,
Daß er von mir in diesem Fall erfahren
Mit Worten oder Werken Schädliches,
Hab' ich am weitern Leben keine Freude,
Wenn ich die Schmach erdulde. Nämlich einfach
Trifft nicht von diesem Worte mich die Strafe,
Aufs höchste, bin ich schlimm in dieser Stadt,
Schlimm gegen dich geheißen und die Lieben.
CHOR.   Doch ist gekommen dieser Schimpf, vielleicht
Aus Zorn erzwungen mehr, als Rat der Sinne.
KREON.   Woraus erwies es sich, daß meinem Rat
Der Seher folgend Lügenworte spreche?
CHOR.   Man sagts. Ich weiß es nicht, in welcher Stimmung?
KREON.   Ist aus geraden Augen, rechten Sinnen
Verkündet worden über mich die Klage?
CHOR.   Ich weiß es nicht. Was Großes tun, ich seh'
Es nicht. Doch selber kommt er aus dem Hause.

Ödipus. Kreon. Der Chor

ÖDIPUS.   Du! der! wie kommst du her? hast du so frech
Ein Angesicht, daß in mein Haus du kommst,
Der Mörder unser eines offenbar,
Und Räuber, wie es klar ist, meiner Herrschaft?
Geh, sage bei den Göttern, hast du Feigheit
An mir gesehen oder Narrheit, daß du dies
Zu tun gedacht, und daß ich dies dein Werk
Im Truge schleichend nicht erkennte, nicht
Abwehrte, wenn ich es erkannt? Dein Unternehmen,
Ists dumm nicht, ohne Volk und Freude nach dem Thron

Zu jagen, der durch Volk erobert wird und Geld?

KREON.   Weißt du, was du beginnst? vernimmt ein Gleiches
Für dein Wort, richte, wenn du es erkannt!

ÖDIPUS.   Im Reden bist du stark, ich schlimm,
                                                wenn ich von dir
Muß lernen. Falschgesinnt und schwierig find' ich dich.

KREON.   Darüber eben hör' erst, was ich sage.

ÖDIPUS.   Das eben sage nicht, du seist nicht böse.

KREON.   Wenn du gedenkst, ein Gut sei ohne Mut
Der Eigensinn, so denkest du nicht richtig.

ÖDIPUS.   Wenn du gedenkst, man könne den Verwandten
Mißhandeln, ungestraft, so denkst du gut nicht.

KREON.   Ich stimme bei, daß dieses recht gesagt ist.
Doch sage mir das Leiden, das du leidest.

ÖDIPUS.   Hast du geraten oder nicht, daß Not sei,
Zum heilgen Seher einen Mann zu schicken?

KREON.   Auch jetzt noch bin ich gleich in der Gesinnung.

ÖDIPUS.   Wie lange Zeit nun ist es schon, daß Lajos —

KREON.   Getan was für ein Werk? ich weiß es nicht.

ÖDIPUS.   Unsichtbar ward er durch ein tödlich Übel.

KREON.   Weit ist und lang gemessen schon die Zeit.

ÖDIPUS.   War damals so der Seher in der Kunst?

KREON.   Zugleich auch weis' und billig wohl geachtet.

ÖDIPUS.   Gedacht' er meiner wohl in jener Zeit?

KREON.   Nicht, daß ich jemals nah dabei gestanden.

ÖDIPUS.   Doch habt ihr nicht dem Toten nachgeforscht?

KREON.   Wir haben es. Wie nicht? und nichts gehört.

ÖDIPUS.   Warum sprach damals nicht, wie jetzt, der Weise?

KREON.   Ich weiß es nicht, versteh' ichs nicht, so schweig' ich.

ÖDIPUS.   So vieles weißt du. Sag' es gutgesinnt.

KREON.   Was wohl? weiß ich es, leugn' ich nicht.

ÖDIPUS.   Das, daß er, hätt' er nicht mit dir gehalten,
Nicht ausgesagt von mir des Lajos Mord.

KREON.   Ob er das aussagt, weißt du selbst. Ich aber
Will hören das von dir, was du von mir willst.

ÖDIPUS.   Hör' es, denn nicht als Mörder werd' ich troffen.

KREON.   Was denn? bist du vermählt mit meiner Schwester?

ÖDIPUS.   Nicht ist zu leugnen das, was du gesagt.

KREON.   Du herrschest so, wie sie, des Bodens waltend.

ÖDIPUS.   Was sie begehrt, wird all von mir besorgt.

KREON.   Bin ich der dritte nicht gesellt euch zweien?

ÖDIPUS.   Hierin erscheinst du nun ein arger Freund.

KREON.   Nicht magst du Rechenschaft, wie ich, dir geben.

Betrachte aber allererst, dies, ob du glaubst,
Daß einer lieben Herrschaft wünscht', in Furcht,
Als sanft zu schlafen, wenn er gleiche Macht hat.
Ich bin nun nicht gemacht, daß mehr ich wünscht'
Ein Herr zu sein, als Herrliches zu tun,
Und jeder so, der sich zu zähmen weiß.
Jetzt hab' ich alles ohne Furcht von dir,
Regiert' ich selbst, viel müßt' ich ungern tun.
Wie sollte nun die Herrschaft lieblicher
Als Ehre kummerlos und Macht mir sein?
Noch nicht so törig bin ich, zu verlangen
Ein anderes, als Schönes mit Gewinn.
Nun freut mich alles, nun begrüßt mich jedes,
Nun rufen die mich an, die dein bedürfen.
Denn darin liegt's, daß ihnen alles glückt.
Wie sollt' ich lassen dies, nach jenem greifen?
Schlimm nicht wird ein Gemüt sein, welches schön denkt.
Nun bin ich nicht von solchem Sinn, und nie,
Tät' es ein andrer, wagt' ich es mit ihm.
Nimm deinen Vorwurf, geh damit nach Pytho,
Frag', ob den Spruch ich deutlich dir verkündet.
Und findst du, daß ich mit dem Zeichendeuter
Zusammenpflog, auf ein Wort sollst du nicht,
Zweifach verdammt, von dir und mir, mich töten.
Verklage nur aus dunkler Meinung mich nicht!
Denn nicht ists recht, die Schlimmen eitler Weise
Für trefflich halten. Treffliche für schlimm.
Denn, wenn ein Edler einen Freund verwirft,
Ist mir, als wärs am eignen liebsten Leben.
Doch mit der Zeit erfährst du dieses sicher.
Es zeigt die Zeit den rechten Mann allein.
An einem Tage kennest du den schlimmen.

CHOR.   Schön sprach er, daß daraus ein Glück mag kommen,
Denn schnell zu denken, König! ist nicht sicher.

ÖDIPUS.   Will einer schnell, der Schlingen legt, entwischen,
Muß ich auch schnell mir raten, meinerseits.
Bin ich bequem, und warte sein, so bringt

Er seins hinaus, und meines ist verfehlet.

KREON.   Was willst du denn, als mich vom Lande treiben?

ÖDIPUS.   Nein! sterben sollst du oder fliehn, das will ich.

KREON.   Wenn du mir zeigest, was es um den Neid ist.

ÖDIPUS.   Sprichst du nachgiebig mir und glaubig nicht?

KREON.   Säh' ich Besinnung! —

ÖDIPUS.   Meine Sache nun! —

KREON.   Auch meine heißt sie.

ÖDIPUS.   Ja! wenn du nicht schlimm wärst!

KREON.   Wenn aber du nicht weißt!

ÖDIPUS.   Man muß doch herrschen.

KREON.   Ja! aber nicht die schlimmen Herrn.

ÖDIPUS.   O Stadt! Stadt!

KREON.   Auch mich geht an die Stadt, nicht dich allein.

CHOR.   Hört auf, ihr Herrn! Die Frau seh' ich zu euch
Hier aus dem Hause kommen, Jokasta.
Mit dieser ist der Streit hier auszurichten.

DRITTE SZENE

Ödipus. Kreon. Der Chor, Jokasta

JOKASTA.   Warum habt ihr ratlosen Zungenkrieg
Erregt, ihr Armen! Schämt euch nicht, da so
Erkrankt das Land, zu wecken eigen Unheil?
Gehst in die Burg, und Kreon du ins Haus nicht,
Damit ihr kleine Last nicht macht zu großer?

KREON.   O Schwester! Viel denkt Ödipus, dein Mann,
Mir anzutun, und wählet zwei der Übel.
Vom Land mich treiben will er oder töten.

ÖDIPUS.   Das sag' ich auch. Schlimm handelnd fand, o Weib
An meinem Leib ich ihn mit schlimmen Künsten.

KREON.   Nicht möcht' ich Vorteil ziehen jetzt, doch soll ich
Verflucht vergehen, tat ich, wes du mich
Beschuldigest, daß ich getan es habe.

JOKASTA.   O bei den Göttern! glaub' es, Ödipus!
Und ehre hoch der Götter Eid vor allen,
Auch mich und diese, die zugegen sind.

CHOR.   Vertraue, woll' es, denk' es,

Ich bitte, König!

ÖDIPUS.   Wie willst du, daß ich weiche dir?

CHOR.   Den, der nie vormals törig war,
Und nun im Eide groß,
Ehr' ihn!

ÖDIPUS.   Weißt du, was du verlangst?

CHOR.   Ich weiß es.

ÖDIPUS.   Sag' was du meinst!

CHOR.   Du sollst den heilig lieben,
Niemals in Schuld
Mit ungewissem Wort
Ehrlos vertreiben.

ÖDIPUS.   Wiss' einmal, wenn du dieses suchest, suchst
Du mein Verderben oder Landesflucht.

CHOR.   Das nicht! bei aller Götter
Vorläufer Helios!
Denn gottlos, freundlos
Im äußersten will ich untergehn,
Wenn solchen Gedanken ich habe.
Mir Unglücklichem aber ermattet
Vom welkenden Lande die Seele,
Wenn die auch kommen, zu Übeln die Übel,
Zu den alten die euern.

ÖDIPUS.   So mag er gehn, muß ich durchaus gleich sterben,
Ehrlos verbannt vom Lande mit Gewalt.
Von dir, von diesem nicht erbarmet mich
Der Jammermund. Der sei durchaus mir Abscheu!

KREON.   Feig bist du, wenn du traurig weichst, und wenn du
Schwer über deinen Mut springst. Solche Seelen,
Unwillig tragen sie mit Recht sich selbst.

ÖDIPUS.   Läßt du mich nicht und gehst hinaus?

KREON.   Ich gehe,
Von dir mißkannt, doch gleichgesinnt mit diesen.

Kreon geht ab.

CHOR.   Weib! willst du diesen
Ins Haus hinein nicht bringen?

JOKASTA.   Weiß ich erst, was es ist.

CHOR.   Ein Schein ist unbekannt in die Worte
Gekommen, aber es sticht
Auch Ungerechtes.

JOKASTA.　Von ihnen beiden?

CHOR.　Gewiß.

JOKASTA.　Und welches war das Wort?

CHOR.　Da mir genug, genug das Land schon müd ist,
So dürft es wohl so bleiben, wie es steht.

ÖDIPUS.　Sieh, wo du hinkommst, mit der guten Meinung.
Wenn du das meine lässest und das Herz umkehrst.

CHOR.　Ich hab es gesagt, o König!
Nicht einmal nur, du weißt es aber,
Gedankenlos, ausschweifend
Im Weisen, erschien' ich,
Wenn ich von dir mich trennte.
Du! der mein Land, das liebe,
In Mühe umirrend,
Recht hat geführt mit günstigem Winde,
Auch jetzt noch fahre glücklich, wenn du kannst.

JOKASTA.　Bei Göttern! sage mir es auch, o König!
Weshalb du solchen Zorn hast angestiftet.

ÖDIPUS.　Ich sag' es, denn ich ehre dich am meisten
Von diesen hier, was Kreon mir bereitet.

JOKASTA.　Sag's, wenn du deutlich Klage führst im Streit.

ÖDIPUS.　Der Mörder Lajos sei ich, sagen sie.

JOKASTA.　Weißt du es selbst, erfuhrest du's von andern?

ÖDIPUS.　Den Seher sandt' er her, den Unheilstifter,
Weil er, so viel er kann, die Zungen alle löst.

JOKASTA.　Laß du das deine nun, wovon du sprichst,
Gehorche mir, und lerne das: es gibt
Nichts Sterbliches, das Seherkunst besäße.
Ich zeige dir von dem ein treffend Zeichen.
Ein Spruch kam Lajos einst, ich will nicht sagen,
Von Phöbos selbst, doch von des Gottes Dieners,
Daß sein das Schicksal warte, von dem Sohne
Zu sterben, der von jenem käm' und mir.
Es töteten doch aber ihn, so spricht die Sage,
Einst fremde Mörder auf dreifachem Heerweg.
Jedoch als ihm geboren war das Kind,
Es standen nicht drei Tag' an, band er ihm
Der Füße Glieder und, mit fremden Händen,
Warf er's ins unzugangbare Gebirg.
Und nicht erfüllte dort Apollon, daß er sei

46

Des Vaters Mörder, daß, der das Gewaltige
Gefürchtet, von dem Sohne Lajos' sterbe.
So haben sich erklärt der Seher Sagen.
Und kehre dran dich nicht! denn, was ein Gott
Notwendig sieht, leicht offenbart er selbst es.

ÖDIPUS.   Wie fasset, da ich eben höre, Weib!
Verwirrung mir die Seel', Aufruhr die Sinne.

JOKASTA.   Von welcher Sorge sagst du dies empört?

ÖDIPUS.   Mir scheint, gehört von dir zu haben, Lajos
Sei umgekommen auf dreifachem Heerweg.

JOKASTA.   Man sagte das, noch ist es nicht geendet.

ÖDIPUS.   Wo ist der Ort, da sich dies Schicksal zutrug?

JOKASTA.   Phocis nennt man das Land. Ein Scheideweg
Von Delphi führt und Daulia hieherzu.

ÖDIPUS.   Und welche Zeit ist über dies gegangen?

JOKASTA.   Beinahe vorher, eh du von dem Lande
Die Herrschaft nahmst, ward es der Stadt verkündet.

ÖDIPUS.   O Zeus! was willst du, daß von mir geschehe?

JOKASTA.   Wie ist dir dies, o Ödipus, im Sinne?

ÖDIPUS.   Frag' mich nicht, doch von Lajos sage nur,
Wie war der Mann, auf welches Alters Höhe?

JOKASTA.   Groß, wollig schon um sein weißblühend Haupt,
Und der Gestalt von dir war er nicht ungleich.

ÖDIPUS.   Ich Armer. Wohl hab' ich, da ich in Flüche
Gewaltig ausbrach eben, nicht gewußt!

JOKASTA.   Was sagst? mich ängstets, seh' ich so dich, König!

ÖDIPUS.   Gewaltig fürcht' ich, daß nicht sehend sei der Seher,
Du wirst es mehr aufklären, sagst du eins noch.

JOKASTA.   Mich ängstets. Fragst du doch, so sag' ich,
was ich weiß.

ÖDIPUS.   Ging er allein aus, oder hatt' er viele
Streitbare Männer, wies bei Oberherrn ist?

JOKASTA.   Fünf waren all. Ein Herold war mit ihnen,
Ein Maultierwagen führte Lajos nur.

ÖDIPUS.   Weh! Weh! nun ist es offenbar. Wer war
Es einst, der angesagt die Worte hat, o Weib!

JOKASTA.   Ein Diener, der entflohen war allein.

ÖDIPUS.   Ist in den Häusern er auch jetzt noch da?

JOKASTA.   Nein! nicht! seit dort er herkam und erfuhr,
Du habst die Macht, und Lajos sei getötet,

Bat er mich sehr, die Hände mir berührend,
Aufs Land zu senden ihn, zu Schafeweiden,
Wo er der Stadt vom Angesicht am meisten.
Auch sandt' ich ihn, denn wert war dieser Mann,
Der Knecht, zu haben größre Gnad', als diese.

    ÖDIPUS.   Wie käm' er nun zu uns geschwind zurück?

    JOKASTA.   Er ist zugegen, warum willst du dies?

    ÖDIPUS.   Ich fürchte vor mir selbst mich, Weib, daß ich
Zu viel gesagt, warum ihn sehn ich will.

    JOKASTA.   Er kommet, doch zu hören würdig bin
Auch ich wohl, was dir Schlimmes ist, o König!

    ÖDIPUS.   Erniedrige dich nur jetzt allzusehr nicht
Drob, wie ich bin; auch größeren, als du bist,
Sagt' ich, wie mir solch ein Los zugeteilt ist.
Mein Vater Polybos war von Korinth,
Die Mutter Merope von Doris. Dort
Ward ich geschätzt der größte von den Städtern,
Eh dies Geschick kam über mich, und wert
Zu wundern ist's, doch meines Eifers nicht.
Ein Mann beim Mahle voll von Trunkenheit
Sagt mir beim Wein', ich sei unecht dem Vater,
Und ich, erzürnt, den gegenwärtigen Tag
Kaum aushielt, doch am andern ging ich hin,
Zur Mutter und zum Vater, fragte drüber.
Unwillig trugen die den Schimpf von dem,
Dem dieses Wort entgangen. Das erfreute
An ihnen mich. Doch stach mich dieses immer.
Denn vieles war dahinter. Und geheim
Vor Vater und vor Mutter reis' ich weg
Nach Pytho. Mir verachtet Phöbos das,
Warum ich kam, und schickt mich weg, und anders
Mühsame, Große, Unglückliche zeigt
Er mir und sagt, ich müßte mit der Mutter
Vermischet sein, und Menschen unerträglich
Zu schauen ein Geschlecht erzeugen, auch der Mörder
Des Vaters sein, der mich gepflanzet hätte.
Da ichs gehört, durchmessend unter Sternen
Zuletzt den Boden von Korinth, entfloh ich,
Damit ich nie daselbst von meiner bösen
Orakelfrage schauete die Schande.

Gewandert aber komm' ich in die Gegend,
Wo umgebracht der Herr ist, wie du sagst.
Auch dir o Weib! und Wahres sag' ich, daß
Ich nahe wandelt' auf dem Dreiweg, wo
Der Herold und auf einem Füllenwagen
Ein Mann herfahrend, wie du mir berichtet, mir
Begegneten, und aus dem Wege mich
Der Führer und der Alte mit Gewalt trieb.
Ich schlage, wie heran er lenkt, den Fuhrmann
Im Zorn, und wie mich stehen an dem Wagen
Der Alte siehet, zielt' er mitten mir
Aufs Haupt und schlug mich mit dem Doppelstachel.
Ungleich hat ers gebüßt. Denn schnell getroffen
Vom Stabe dieser Hände, rücklings wird
Heraus vom Wagen plötzlich er gewälzt.
Ich tötet' alle. Wenn der Fremde aber
Mit Lajos jener irgend was gemein hat,
Wer ist unseliger, als unser einer?
Und welcher Mann den Geistern mehr verhaßt?
Den in der Fremde keiner und kein Städter darf
Einladen in das Haus, ansprechen keiner.
Den man vom Hause treiben muß? und diesen Fluch
Hat keiner sonst, als ich mir selbst gestiftet.
Das Ehbett auch des Toten mit den Händen
Befleck' ich es, durch die er umkam. Bin ich bös?
Bin ich nicht ganz unrein? und wenn ich fliehn muß
Darf auf der Flucht die Meinen ich nicht sehn,
Noch gehn zur Heimat; oder soll ich sein
Zusammen mit der Mutter gejocht zur Hochzeit.
Soll ich den Vater morden, Polybos,
Der mich gezeuget und mich aufgenährt?
Würd' einer, der von unser einem urteilt,
Die Sache nicht von rohem Geist' erklären?
Nein, nicht, o du der Götter heilig Licht,
Mag diesen Tag ich sehen, sondern lieber
Schwind' ich von Menschen, eh' ich sehe,
Wie solch ein Schimpf des Zufalls mir begegnet.

    CHOR.   Uns, König, ist es furchtbar, aber bis dus
Von gegenwärtigem erfährest, hoffe.

    ÖDIPUS.   Nun aber bleibt so viel von Hoffnung mir

Allein, den Mann, den Hirten zu erwarten.

JOKASTA.   Wenn er erscheinet, was ist dein Verlangen?

ÖDIPUS.   Ich will dirs sagen. Findet sich, daß er
Dir jenes sagt, so mag ich fliehn das Leiden.

JOKASTA.   Welch Wort vornehmlich hörtest du von mir?

ÖDIPUS.   Von räuberischen Männern sprach' er, sagst du,
Sie haben ihn getötet. Wenn er nun noch
Dieselbe Zahl aussagt, hab' ich ihn nicht
Getötet. Nicht mag *einer* vielen gleich sein.
Wenn *einen* Mann gefährtenlos er nennt,
Kommt deutlich diese Tat jetzt über mich.

JOKASTA.   Wiss' aber, daß so offenbar das Wort ist,
Und nicht umwerfen darf er dieses wieder.
Die Stadt hat es gehört, nicht ich allein.
Wenn nun etwas vom alten Wort er abweicht,
Nicht wohl, o König! macht des Lajos Mord
Er kund, recht und gerad wie Loxias
Ihn aussprach, daß von meinem Kind er sterbe.
Auch hat ihn ja das Unglückselige nicht
Getötet, damals, selbst kam es zuvor um.
Und so mag in den Prophezeiungen
Ich jetzt nichts sehn, und auch das erstemal nicht.

ÖDIPUS.   Schön meinest du es. Sende aber doch
Zum Landmann einen Boten, laß es nicht!

JOKASTA.   Schnell will ich senden. Doch laß uns hineingehn,
Nicht möcht' ich nämlich tun, was du nicht liebtest.
Sie gehen ab.

CHOR DER THEBANISCHEN ALTEN

   Hätt' ich mit mir das Teil
Zu haben Heiligkeit in Worten genau,
In den Werken allen, deren Gesetze
Vor Augen sind, gestaltet, durch den himmlischen
Äther geboren, von denen
Der Olymp ist Vater allein; den hat nicht sterbliche
Natur von Männern gezeugt,
Noch jemals in Vergessenheit er einschläft.
Groß ist in jenen der Gott,
Nicht altert er.

Frechheit pflanzt Tyrannen. Frechheit,
Wenn eitel sie von vielem überfüllt ist,
Was zeitig nicht und nicht zuträglich,
Zur höchsten steigt sie, sie stürzt
In die schroffe Notwendigkeit,
Da sie die Füße nicht recht braucht.
Das Wohlanständige aber in der Stadt, das Altertum,
Daß nie es löse der Gott, bitt' ich.
Gott will ich niemals lassen, als
Vorsteher ihn halten.

Wenn aber überschauend einer mit Händen wandelt, oder
Mit Worten, und fürchtet das Recht nicht, und
Die Thronen nicht der Dämonen verehrt,
Den hab ein böses Schicksal,
Unschicklichen Prangens wegen,
Wenn nicht Gewinn er gewinnet recht,
Und Offenbares verschleußt,
Und Unberührbares angreift albern.
Wer mag noch wohl hiebei, ein Mann,
Im Gemüte die Pfeile verschließen, und nicht
Die Seele verteidigen? Sind
Denn solche Handlungen ehrsam?
Was soll ich singen?

Nicht mehr zum Unberührbaren geh ich,
Zu der Erde Nabel mit Ehrfurcht,
Noch zu dem Tempel in Abä,
Wenn dies nicht offenbar
Den Sterblichen allen recht ist.
O Mächtiger aber, wenn du
Aufrichtiges hörst, Zeus, allbeherrschend,
Verborgen sei es dir und deiner
Unsterblich währenden Herrschaft nicht!
Zuschanden nämlich werden die alten
Von Lajos die Göttersprüche schon, und nimmer
In Ehren Apollon offenbar ist.
Unglücklich aber gehet das Göttliche.

VIERTER AKT

Jokasta. Ein Bote. Der Chor. Hernach Ödipus

JOKASTA.   Ihr Könige des Landes, der Gedanke kam mir,
Zu gehn in der Dämonen Tempel, hier
Zu nehmen Kronen in die Hand und Rauchwerk.
Denn aufwärts bieget Ödipus den Mut
In mannigfacher Qual, nicht, wie ein Mann,
Besonnen, deutet er aus Altem Neues.
Sein Wort ist aber, mag er Furcht aussprechen,
Daß ich, zum Ende, weiter nichts mehr tun,
Zu dir, o Lycischer Apollon, aber,
Denn sehr nah bist du, knieend kommen soll
Mit diesen Huldigungen, daß du uns
Ein eiligrettend Mittel senden mögest.
Denn all jetzt fürchten wir, betroffen ihn
Erblickend, gleich dem Steuermann des Schiffes.
DER BOTE.   Kann ich von euch, ihr Fremden, hören, wo
Des Herren Häuser sind, des Ödipus?
Am besten könnt ihr sagen, wo er wohnet.
CHOR.   Das Haus ist hier und drinnen ist er, Fremder,
Und diese Frau ist Mutter seiner Kinder.
DER BOTE.   Reich soll sie sein, mit Reichen immerhin,
Und immerdar von jenem die Gemahlin!
JOKASTA.   So du auch, Fremder; würdig bist du es,
Des guten Wortes wegen. Aber sage,
Mit welcher Bitte kommst du, welcher Nachricht?
DER BOTE.   Mit guter in das Haus, und zum Gemahl, Frau!
JOKASTA.   Was ist es? und von wem bist du gekommen?
DER BOTE.   Ich komme von Korinth. Es freut vielleicht
Mein Wort. Wie nicht? Es kann dich auch betrüben.
JOKASTA.   Was ist es, das so zweifach eine Kraft hat?
DER BOTE.   Zum Herren wollen ihn die Eingebornen
Des Isthmos setzen, daß daselbst er throne.
JOKASTA.   Wie? herrscht der alte Polybos nicht mehr?
DER BOTE.   Nicht mehr, seitdem der Tod ihn hält im Grabe.
JOKASTA.   Was sagst du, ist gestorben Polybos?
DER BOTE.   Sag' ich die Wahrheit nicht, so will ich sterben.

JOKASTA.   O Magd, willst du nicht gleich zum Herrn gehn,
Es sagen? o ihr Prophezeiungen
Der Götter, wo seid ihr? lang hat Ödipus
Den Mann geflohen, daß er nicht ihn töte.
Jetzt stirbt er weg, zufällig, nicht durch jenen.
ÖDIPUS.   O liebstes, du, des Weibs Jokastas Haupt!
Was riefest du heraus mich von den Häusern?
JOKASTA.   Hör diesen Mann, und forsch' und höre, wo
Die hohen sind, des Gottes Sehersprüche.
ÖDIPUS.   Doch wer ist dieser, und was sagt er mir?
JOKASTA.   Er kommet von Korinth, sagt, Polybos,
Dein Vater, sei nicht mehr, er sei tot.
ÖDIPUS.   Was sagst du, Fremder? kläre du mich selbst auf!
DER BOTE.   Wenn dies zuerst ich deutlich künden muß,
So wisse, daß mit Tod er abgegangen.
ÖDIPUS.   Starb heimlich er, zog er sich Krankheit zu?
DER BOTE.   Ein kleiner Fall macht still die alten Körper.
ÖDIPUS.   An Krankheit welkte, wie es scheint, der Alte.
DER BOTE.   Und an der großen Zeit genug gemessen.
ÖDIPUS.   Wohlan! Wer sollte nun, o Weib, noch einmal
Den prophezeienden Herd befragen, oder
Von oben schreiend die Vögel? deren Sinn nach
Ich töten sollte meinen Vater, der
Gestorben schlummert unter der Erd; hier aber
Bin ich, und rein ist meine Lanze, wenn er anders
Im Traume nicht umkam, von mir. So mag er
Gestorben sein, von mir; zugleich nahm er auch
Die heutigen Sehersprüche mit und liegt nun
im Hades, Polybos, nicht weiter gültig.
JOKASTA.   Hab' ich dir dies nicht längst vorausgesagt?
ÖDIPUS.   Du hasts gesagt. Ich ward von Furcht verführt.
JOKASTA.   Nimm nun nichts mehr von jenem dir zu Herzen.
ÖDIPUS.   Was? auch der Mutter Bett soll ich nicht fürchten?
JOKASTA.   Was fürchtet denn der Mensch, der mit dem Glück
Es hält? Von nichts gibts eine Ahnung deutlich.
Dahin zu leben, so wie einer kann,
Das ist das Beste. Fürchte du die Hochzeit
Mit deiner Mutter nicht! denn öfters hat
Ein Sterblicher der eignen Mutter schon
Im Traume beigewohnt: doch wem wie nichts

Dies gilt, er trägt am leichtesten das Leben.

ÖDIPUS.　Schön wär all dies von dir gesagt, wo nicht
Die Mutter lebte, doch so lang sie lebt,
Ist's hohe Not, so schön du sprichst's, zu fürchten.

JOKASTA.　Jedoch ein groß Licht ist des Vaters Grab dir.

ÖDIPUS.　Ein großes. Recht! die Lebende fürcht' ich nur.

DER BOTE.　Um welches Weibes willen fürchtest du?

ÖDIPUS.　Meropes, Greis, der Frau des Plybos.

DER BOTE.　Was ist es, das euch fürchten macht vor jener?

ÖDIPUS.　Göttlich bereiteter Prophezeiung Kraft, o Fremder!

DER BOTE.　Darf oder darf es nicht ein andrer wissen?

ÖDIPUS.　Gar wohl! Es sagt' einst Loxias mir nämlich,
Ich müsse mit der Mutter mich vermischen,
Entreißen mit der Hand sein Blut dem Vater.
Deswegen bin ich lange von Korinth
Und weit hinweg geflohn, mit Glück, doch ist
Es lieblich auch, zu schaun der Eltern Augen.

DER BOTE.　Bist du aus Furcht davor von da entfremdet?

ÖDIPUS.　Des Vaters Mörder nicht zu sein, o Alter!

DER BOTE.　Hab' ich dich nicht aus dieser deiner Furcht,
Als wohlgemut ich kam, befreit, o König?

ÖDIPUS.　Auch einen Dank, der meiner wert, empfängst du.

DER BOTE.　Auch bin ich meist darum hieher gekommen,
Daß, wenn du heimkehrst, mir es wohlergehe.

ÖDIPUS.　Nie leb' ich nahe denen, die mich pflanzten.

DER BOTE.　Wohl zeigst du, Kind! du wissest,
　　　　　　　　　　　　　was du tust, nicht.

ÖDIPUS.　Wie, bei dem Göttlichen, Alter, sprich etwas!

DER BOTE.　Willst wegen jenen du nach Haus nicht gehn?

ÖDIPUS.　Ich fürchte, daß nicht klar mir Phöbos komme.

DER BOTE.　Daß keine Schmach von Eltern du empfangst?

ÖDIPUS.　Das eben, Alter, dieses schröckt mich immer.

DER BOTE.　Weißt du es denn, daß du mit Unrecht fürchtest?

ÖDIPUS.　Wie? bin ich denn das Kind nicht jener Mutter?

DER BOTE.　Nein. Polybos war nicht von deinem Stamme.

ÖDIPUS.　Was sagst du? pflanzte Polybos mich nicht?

DER BOTE.　Beinahe so etwas, wie unser einer.

ÖDIPUS.　Wie das? ein Vater, der dem Niemand gleich ist?

DER BOTE.　Ein Vater eben, Polybos nicht, nicht ich.

ÖDIPUS.　Wofür denn aber nennt der mich das Kind?

DER BOTE.   Von meiner Hand empfing er als Geschenk dich.

ÖDIPUS.   Warum aus andrer Hand lieb' er mich so?

DER BOTE.   Die Kinderlosigkeit hatt' ihn bewogen.

ÖDIPUS.   Hattst du gekauft mich, gabst du mich als Vater?

DER BOTE.   Ich fand dich in Kithärons grüner Schlucht.

ÖDIPUS.   Ziehst du zu etwas um in diesen Orten?

DER BOTE.   Ich hütete daselbst des Berges Vieh.

ÖDIPUS.   Als Hirte, oder irrtest du im Taglohn?

DER BOTE.   Ich war dein Retter, Kind, in dieser Zeit.

ÖDIPUS.   Was hatt' ich, daß zu Armen du mich zähltest?

DER BOTE.   Der Füße Glieder zeigen es an dir.

ÖDIPUS.   O mir! was nennest du dies alte Übel.

DER BOTE.   Ich löse dich, da dir die Zehn vernäht sind.

ÖDIPUS.   Gewaltigen Schimpf bracht' aus den Windeln ich.

DER BOTE.   So daß genannt du bist nach diesem Dinge.

ÖDIPUS.   Das Götter! das, bei Mutter, Vater! rede.

DER BOTE.   Ich weiß es nicht, ders gab, er weiß es besser.

ÖDIPUS.   Empfingst du mich von andern, fandst
                                            du selbst mich?

DER BOTE.   Nein! denn es gab dich mir ein andrer Hirte.

ÖDIPUS.   Wer ist der? kannst du deutlich mir es nennen?

DER BOTE.   Er nannte wohl von Lajos Leuten sich.

ÖDIPUS.   Der vormals Herr gewesen dieses Lands?

DER BOTE.   Am meisten war er dieses Mannes Hirte.

ÖDIPUS.   Ist er noch lebend, daß ich sehn ihn kann?

DER BOTE.   Ihr wißt am besten das, die Eingebornen.

ÖDIPUS.   Ist euer einer, die zugegen sind,
Der kennet diesen Hirten, den er nennet,
Daß er gesehn ihn auf den Äckern oder hier?
Zeigt es mir an, Zeit ist es, dies zu finden.

CHOR.   Ich weiß sonst keinen, als den auf dem Lande,
Den du zuvor zu sehen schon verlangt,
Am besten doch möcht' es Jokasta sagen.

ÖDIPUS.   Meinst du nicht, Weib! derselbe, dem wir eben
Gesandt, den Boten, sei gemeint von diesem?

JOKASTA.   Wer sprach, von welchem? kehr dich nicht daran!
Und was man sagt, bedenke nicht zuviel es.

ÖDIPUS.   Das seie ferne, daß, bei solchen Zeichen,
Ich nicht entdecken sollte mein Geschlecht!

JOKASTA.   Bei Göttern, nein! bist du besorgt ums Leben,

So suche nicht. Genug erkrankt bin ich.

ÖDIPUS.   Sei gutes Muts! käm' ich von dreien Müttern
Dreifach ein Knecht, es machte dich nicht schlimmer.

JOKASTA.   Doch, folge mir, ich bitte, tu es nicht!

ÖDIPUS.   Ich kann nicht, muß genau es noch erfahren.

JOKASTA.   Ich mein es gut und sage dir das Beste.

ÖDIPUS.   Dies Beste doch, es quälet mich schon lange.

JOKASTA.   O Armer, wüßtest nie du, wer du bist!

ÖDIPUS.   Wird einer gehn und mir den Hirten bringen?
Laß diese sich am reichen Stamm' erfreun!

JOKASTA.   Weh! weh! Unglücklicher! dies *eine* kann ich
Zur dir noch sagen, andres nun und nimmer!

Sie geht ab.

CHOR.   Warum wohl ging die Frau des Ödipus,
Von wilder Qual aufspringend? ich fürchte, daß
Aus dieser Stille nicht ein Unheil breche!

ÖDIPUS.   Was soll, das breche. Mein Geschlecht will ich,
Seis auch gering, doch will ich es erfahren.
Mit Recht ist sie, denn Weiber denken groß,
Ob meiner niedrigen Geburt beschämt.
Ich aber will, als Sohn des Glücks mich haltend,
Des wohlbegabten, nicht verunehrt werden;
Denn dies ist meine Mutter. Und klein und groß
Umfingen mich die mitgebornen Monde.
Und so erzeugt, will ich nicht ausgehn, so,
So daß ich nicht, ganz, wes ich bin, ausforschte.

CHOR DER THEBANISCHEN ALTEN

  Wenn ich Wahrsager bin,
Und kundig der Meinung,
Wirst, beim Olympos! du
Nicht allzuspröde, Kithäron!
Am morgenden Vollmond sein,
Daß man nicht dürft', als Landesverwandte
Des Ödipus, und als Nährerin und
Als Mutter erheben dich und sagen von dir,
Daß Liebenswürdiges du
Gebracht habst unseren Fürsten, aber dir
Sei, dunkler Phöbos, dies gefällig.

Wer hat dich, Kind, wer hat gezeugt
Von den Seligen dich! hat eine sich
Dem Pan genaht, dem Bergumschweifer, oder hat
Gebracht dich eine Tochter des Loxias?
Dem lieb sind all die
Ebnen des Landes; oder Kyllanas
König, oder der bacchische Gott
Der wohnt auf hohen Gebirgen,
Hat er als Fund dich bekommen, von einer der Nymphen,
Der Helikoniaden, mit denen er öfters spielt?

ZWEITE SZENE

Ödipus. Der Chor. Der Bote. Ein Diener

ÖDIPUS.   Darf ich auch, da ich nicht zugegen war,
Ihr Alten, etwas sagen? jenen Hirten
Glaub' ich zu sehn, den lange wir gesucht.
Denn dieser sieht wie langes Alter aus,
Wie dieser hier; auch meine Diener kenn' ich,
Die Führer doch mit deiner Kunde magst du
Mir helfen, sahst vielleicht sonst schon den Hirten.
CHOR.   Ich kenn ihn wohl, damit dus weißt. War einer
Bei Lajos treu, so wars der Mann, der Hirte.
ÖDIPUS.   Dich frag' ich erst, den Fremden von Korinth,
Meinst diesen du?
DER BOTE.   Denselben, den du anblickst.
ÖDIPUS.   Du Alter hier, sieh hieher, sage mir,
Was ich dich frage! warst du einst des Lajos?
DER DIENER.   Sein Diener, nicht gekauft, im Haus erzogen.
ÖDIPUS.   Was für ein Werk besorgend, welches Leben?
DER DIENER.   Bei Herden bracht' ich meist das Leben zu.
ÖDIPUS.   In welcher Gegend wohntest du am meisten?
DER DIENER.   Kithäron war es und das Land umher.
ÖDIPUS.   Den Mann hier, weißt du nicht, wo du ihn fandest?
DER DIENER.   Was war sein Tun? von welchem Manne
sprichst du?
ÖDIPUS.   Von dem, der da ist. Warst du einst mit ihm?
DER DIENER.   Nicht, um es schnell besonnen dir zu sagen.

57

DER BOTE.   Kein Wunder ists, doch ich erinnere
Mich wohl des Unbekannten, weiß auch wohl,
Daß er es weiß, wie in Kithärons Gegend
Mit zweien Herden er, und ich mit einer
Zusammenkam mit ihm, vom Frühling an,
Bis zum Arktur, die Zeit drei ganzer Monde.
Im Winter nun trieb ich in meine Ställe
Hinweg, und er zurück zu Lajos Höfen.
Sag ich nicht oder sag ich wirklich Wahres?
    DER DIENER.   Du redest wahr, wiewohl aus langer Zeit.
    DER BOTE.   Geh, sag nun, weißt du, du gabest mir
Ein Kind, daß ich zur Pflege mirs erzöge.
    DER DIENER.   Was ists, wofür sagst du von der Geschichte?
    DER BOTE.   Der ists, o jener, der noch jung war damals.
    DER DIENER.   Gehst du zugrunde nicht? willst du
                             nicht schweigen?
ÖDIPUS.   O tadle den nicht, Alter! deine Worte
Verdienen Tadel mehr, als die von dem.
    DER DIENER.   Hab' ich gefehlt in etwas, bester Herr?
    ÖDIPUS.   Nenn du das Kind, wovon er redet, der hier.
    DER DIENER.   Er spricht gedankenlos, ist anderswo.
    ÖDIPUS.   Du redest nicht zu Dank und redest weinend.
    DER DIENER.   Nicht, bei den Göttern, geißle drum mich Alten.
    ÖDIPUS.   Wirst du nicht gleich die Hände binden dem?
    DER DIENER.   Unglücklicher, wofür, was willst du wissen?
    ÖDIPUS.   Gabst diesem du das Kind, wovon er spricht?
    DER DIENER.   Ich gabs. Wär' ich vergangen jenes Tages!
    ÖDIPUS.   Das wird dir auch, sagst du das Rechte nicht.
    DER DIENER.   Noch viel mehr, wenn ich rede, bin ich hin.
    ÖDIPUS.   Der Mann, so scheint es, treibet es zum Aufschub?
    DER DIENER.   Nicht so; ich sagte längst, daß ich es tat.
    ÖDIPUS.   Wo nahmst dus her? wars eigen oder andern?
    DER DIENER.   Mein war es, nicht empfing ich es von einem.
    ÖDIPUS.   Von welchem Bürger das, aus welchem Hause?
    DER DIENER.   Nicht, bei den Göttern, frage weiter, Herr!
    ÖDIPUS.   Du bist verloren, frag' ich dies noch einmal!
    DER DIENER.   Von Lajos' Hause also war es einer.
    ÖDIPUS.   Ein Diener oder jenem anverwandt?
    DER DIENER.   O! o! das Schröckliche selbst zu sagen,
                             bin ich dran.

ÖDIPUS.   Und ich zu hören. Dennoch hören muß ich.
DER DIENER.   Von jenem ward er Sohn genannt,
                                doch drinnen
Mag dir am besten deine Frau es sagen.
ÖDIPUS.   Gibt diese denn es dir?
DER DIENER.   Jawohl, mein König.
ÖDIPUS.   Was mit zu tun?
DER DIENER.   Damit ich es vertilgte.
ÖDIPUS.   Weil sie unglücklich gebar?
DER DIENER.   Aus Furcht vor bösen Sprüchen.
ÖDIPUS.   Und welchen?
DER DIENER.   Es töte die Eltern, war das Wort.
ÖDIPUS.   Wo kamst du denn zusammen mit dem Greise?
DER DIENER.   Er wohnte, Herr, als wollt' in andres Land
Er ferne ziehn, daselbst. Er rettet' aber
Zu größten Dingen dich; denn bist du der,
Den dieser nennt, so bist du unglückselig.
ÖDIPUS.   Ju! Ju! das Ganze kommt genau heraus!
O Licht! zum letztenmal seh' ich dich nun!
Man sagt, ich sei gezeugt, wovon ich nicht
Gesollt, und wohne bei, wo ich nicht sollt', und da,
Wo ich es nicht gedurft, hab' ich getötet.
                    Er gehet ab.

CHOR DER THEBANISCHEN ALTEN

Jo! ihr Geschlechter der Sterblichen!
Wie zähl' ich gleich und wie nichts
Euch Lebende.
Denn welcher, welcher Mann
Trägt mehr von Glück,
Als so weit, denn ihm scheint,
Und der im Schein lebt, abfällt.
Da ich dein Beispiel hab'
Und deinen Dämon, o Armer!
Preis' ich der Sterblichen keinen glücklich.

Getroffen hattest du es über die Maß'
Und gewonnen durchaus glücklichen Reichtum,
O Zeus, und verderbet sie, mit krummem Nagel,

Die wahrsagende Jungfrau,
Aufstehend in den Toden meines Landes ein Turm,
Woher du auch mir König genannt bist.
Und geehrt am höchsten,
Im großen Theben regierend.
Wo höret man aber jetzt, von einem, der
Mühseliger wär' im Wechsel des Lebens,
In Arbeit wohnend, in Qualen wild?

    Jo! des Ödipus erlauchtes Haupt!
Dem groß genug ein Hafen war,
Als Sohn in ihm mit dem Vater,
Dem hochzeitlichen, zu fahren,
Wie konnten einst, wie konnten
Die väterlichen Spuren, o Armer!
Stillschweigend dich bringen hieher?
Unwillig hat dich gefunden
Die allesschauende Zeit,
Und richtet die Eh', ehlos
Von Alters her, weil sie
Sich mit sich selber gegattet.
Jo, des Lajos Kind!
Hätt' ich dich, hätt' ich nie dich gesehn,
Ich jammre nämlich, da überhin
Ich jauchze aus dem Munde.
Das Rechte aber zu sagen, atmet' aus dir ich auf,
Und eingeschläfert hab ich mein Auge.

FÜNFTER AKT

Ein Bote. Der Chor

DER BOTE.   O ihr, die ihr allzeit im Lande hier
Geehrt am meisten seid, was werdet ihr
Für Werke hören, sehn, und welchen Jammer
Erheben, wenn, wie Eingeborne, noch
Den Häusern Labdakos ihr Sorge gönnet?
Ich meine, nicht der Ister, Phasis nicht
Wird rein abwaschen dieses Haus, so viel
Es birgt. Gleich aber kommt ans Licht das Schlimme,
Unschuldig oder schuldig. Doch von Übeln
Am meisten schmerzt, was selbst erwählt sich zeiget.
   CHOR.   Noch übrig ist, daß jenes, was wir wissen,
Zum Seufzen nicht mehr sei, was weißt du noch?
   DER BOTE.   Es ist das schnellste Wort, zu sagen und
Zu hören, tot ist es, Jokastas göttlich Haupt.
   CHOR.   Unglückliche! um welcher Sache willen?
   DER BOTE.   Sie selber durch sich selbst. Doch ist von dem
Das Traurigste entfernt. Der Anblick fehlet.
Doch sollst, so viel auch mir Gedächtnis blieb,
Das Leiden du der Kämpfenden erfahren.
Denn da im Zorne stürzend sie gekommen
Ins Innere des Hofs, lief sie zum Brautbett schnell,
Und riß das Haar sich aus mit Fingerspitzen.
Als sie die Türe hinter sich geschlossen,
Ruft sie den Lajos, der schon lange tot ist,
Des alten Samens eingedenk, worüber
Er tot sei und die Mutter übrig lasse,
Die kinderlos nach ihm die Kinder zeuge,
Und jammert um ihr Bett, wo sie unglücklich
Zwei Männer aus dem Mann und Kinder bring aus Kindern.
Und wie sie drauf umkam, das weiß ich nimmer.
Denn schreiend stürzte Ödipus herein,
Vor dem man nicht ihr Unglück sehen konnte.
Auf ihn, wie er umherging, sahen wir.
Er irrt und will, daß einen Speer wir reichen,
Daß er sein Weib, sein Weib nicht, und das Feld,
Das mütterliche find' und seiner Kinder.

Dem Wütenden wies es von Dämonen einer,
Kein Mann von denen, die zugegen waren.
Gewaltig stürzt' als unter einem Treiber
Und trat auf beide Türen er, und sprengte
Die hohlen Schlösser aus dem Grund und stürzt'
In das Gemach, wo hängend wir die Frau sahn.
In Stricken hättst du sie verstrickt gesehn.
Wie er sie sieht, lautbrüllend, der Arme löst
Das hängende Seil, und auf die Erde fiel er,
Der Leidende. Drauf war's ein Anblick schröcklich.
Die goldnen Nadeln riß er vom Gewand,
Mit denen sie geschmückt war, tat es auf,
Und stach ins Helle seiner Augen sich und sprach,
So ungefähr, es sei, damit er sie nicht säh'
Und was er leid', und was er schlimm getan,
Damit in Finsternis er anderer in Zukunft,
Die er nicht sehen dürft', ansichtig werden mög'
Und denen er bekannt sei, unbekannt.
Und so frohlockend stieß er öfters, einmal nicht,
Die Wimpern haltend, und die blutigen
Augäpfel färbten ihm den Bart, und Tropfen nicht,
Als wie von Mord vergossen, rieselten, sondern schwarz
Vergossen ward das Blut, ein Hagelregen.
Aus einem Paare kams, kein einzeln Übel,
Ein Übel zusammen erzeugt von Mann und Weib.
Ihr alter Reichtum wahrhaft wars vor diesem
Ein Reichtum. Aber jetzt, an diesem Tage,
Geseufz und Irr' und Tod und Schmach, so viel
Von allen Übeln Namen sind, es fehlet keins.
    CHOR.   Wie ruhet er im Übel jetzt, der Arme?
    DER BOTE.   Er schreit, man soll die Riegel öffnen, daß
Man jenen offenbare allen Kadmiern,
Den Vatermörder und der Mutter, spricht
Unheiliges, was ich nicht sagen darf.
Sich selbst verbannen woll' er aus dem Lande,
Verflucht, wie er geflucht, im Haus nicht bleiben.
Der Stärke nun und eines, der ihn leitet,
Bedarf er, denn zu groß ist, daß er sie
Ertrage, seine Krankheit, doch er zeigt es dir.
Die Riegel dieses Tores öffnen sich;

Und einen Anblick wirst du sehn vielleicht,
So daß ein Feind auch seiner sich erbarmte.

Der Chor. Ödipus. Hernach Kreon

CHOR.   O schröcklich zu sehen ein Schmerz für Menschen,
O schröcklichster von allen, so viel
Ich getroffen schon. Was ist, o Armer!
Dir gekommen ein Wahnsinn? welcher Dämon
Geleitete, den größesten, dich
Zu deinem tödlichen Schicksal?
Ach! ach! du Armer, aber ansehn kann
Ich nicht dich, vieles will ich sagen,
Viel raten, viel betrachten,
Solch einen Schauder machest du mir.
   ÖDIPUS.   Weh! Weh! Weh! Weh!
Ach! ich Unglücklicher! Wohin auf Erden
Werd' ich getragen, ich Leidender?
Wo breitet sich um und bringt mich die Stimme?
Jo! Dämon! wo reißest du hin?
   CHOR.   In Gewaltiges, unerhört, unsichtbar.
   ÖDIPUS.   Jo! Nachtwolke mein! Du furchtbare,
Umwogend, unaussprechlich, unbezähmt,
Unüberwältiget! o mir! o mir!
Wie fährt in mich zugleich
Mit diesen Stacheln
Ein Treiben und Erinnerung der Übel!
   CHOR.   Ein Wunder ists in solchem Unglück nicht,
Daß zweifach du aufjammerst, zweifach Übel trägst!
   ÖDIPUS.   Jo! Lieber, der du mich
Geleitest, noch mir bleibend!
Denn jetzt noch duldest du mich,
Den Blinden besorgend. Ach! Ach!
Denn nicht verborgen mir bist du und wohl,
Obgleich im Dunkeln, kenn' ich deine Stimme.
   CHOR.   O der du tatst Gewaltiges! wie konntest du
Dein Auge so beflecken, welcher Dämon trieb dich?
   ÖDIPUS.   Apollon wars, Apollon, o ihr Lieben,

Der solch Unglück vollbracht,
Hier meine, meine Leiden.
Es äffet kein Selbstmörder ihn,
Ich Leidender aber,
Was sollt' ich sehn,
Dem sehend nichts zu schauen süß war.

    CHOR.   Es war so, wie auch du spricht.

    ÖDIPUS.   Was hab' ich noch zu sehen und zu lieben,
Was Freundliches zu hören? ihr Lieben!
Führt aus dem Orte geschwind mich,
Führt, o ihr Lieben! den ganz Nichtswürdigen,
Den Verfluchtesten und auch
Den Göttern verhaßt am meisten unter den Menschen.

    CHOR.   Kleinmütiger und *eins* mit dem Begegnis,
Wie wünsch' ich, daß ich niemals dich gekannt.

    ÖDIPUS.   Zugrunde gehe, wer es war,
Der von der wilden
Bewanderten Heide die Füße
Erlöst' und von dem Mord
Errettet' und erhielt, zu Dank
Nichts tat er. Denn damals gestorben
Wär' ich den Lieben nicht, nicht mir ein solcher Kummer.

    CHOR.   Nach Wunsche mir auch wäre dieses.

    ÖDIPUS.   Wohl wär' ich nicht des Vaters Mörder
Gekommen, noch der Bräutigam genannt,
Von denen ich erzeugt ward.
Mühselig bin ich nun. Der Sohn Unheiliger,
Und *eines* Geschlechts mit denen, wo ich selbst
Herstammt', ich Armer. Gibts ein uralt Übel,
Empfing es Ödipus.

    CHOR.   Ich kann nicht sagen, daß du gut geraten,
Denn besser wärs, du lebtest nicht, als blind.

    ÖDIPUS.   Da dieses nun zum besten nicht getan ist,
So unterweise nicht und rate mir nichts an.
Ich wußte nämlich nicht, mit welchen Augen ich
Den Vater angesehn, zum Hades wandelnd,
Und auch die arme Mutter. Welchen beiden
Ich Mühn vollbracht, die größer sind, als Qualen.
Da war der Kinder Angesicht, wuchs täglich auf,
So wie aufwuchsen, anzuschauen mir

Nun nimmermehr! und meinen alten Augen,
Nicht Stadt und Turm, die Bilder nicht der Geister,
Die heiligen, worum ich ärmlichster,
So gut, ein einziger Mann, gehalten und in Thebe,
Ich selber mich gebracht. Denn selber sagt' ich,
Daß alle hassen ihn, den götterlosen,
Der als Unheiliger geoffenbaret
Durch Götter sei und das Geschlecht des Lajos.
Da meinen Schimpf ich also kundgetan,
Sollt' ich mit graden Augen diese sehn?
Mitnichten. Sondern wäre für den Quell,
Der in dem Ohre tönt, ein Schloß, ich hielt es nicht,
Ich schlösse meinen müheselgen Leib,
Daß blind ich wär' und taub. Denn süß ist es,
Wo der Gedanke wohnt, entfernt von Übeln.
Jo! Kithäron! warum nahmst du mich auf?
Und tötetest empfangend mich nicht gleich,
Damit ich Menschen nie verräte, wer ich wäre?
O Polybos und Korinth, ihr väterlichen,
Ihr altgerühmten Häuser, wie so schön
Erzogt ihr mich, vor Übeln wohlverborgen?
Jetzt werd' ich schlecht, der Schlechten Sohn gefunden.
O ihr drei Wege! du verborgner Hain,
Du Wald und Winkel auf dem Dreiweg, wo
Von meinen Händen ihr mein Blut, des Vaters Blut,
Getrunken, denkt ihr mein? was ich für Werke
Getan bei euch und dann, als ich hieher kam,
Was ich dann wieder tat? o Ehe, Ehe!
Du pflanztest mich. Und da du mich gepflanzt,
So sandtest du denselben Samen aus,
Und zeigtest Väter, Brüder, Kinder, ein
Verwandtes Blut, und Jungfraun, Weiber, Mütter,
Und was nur Schändlichstes entstehet unter Menschen!
Doch niemals sagt man, was zu tun nicht schön ist.
So schnell, als möglich, bei den Göttern, begrabt
Mich draußen irgend, tötet oder werft
Ins Meer mich, wo ihr nimmermehr mich seht.
Geht! haltet es der Mühe wert, den Mann,
Mühselig, anzurühren. Folget mir!
Habt keine Furcht! So nämlich ist mein Übel,

Daß vor mir nie kein Mensch es tragen mochte.

    CHOR.   Für deinen Wunsch ist eben Kreon da,
Zu handeln und zu raten. Denn er ist
Allein, statt dir, des Landes Wächter übrig.

    ÖDIPUS.   O mir! was ist zu diesem Wort zu sagen?
Welch Zeichen wird von rechter Treue mir?
Denn längst bin ich vor ihm ganz schlimm befunden.

    KREON.   Nicht als ein Spötter komm' ich, Ödipus,
Noch von den alten Übeln eins zu schelten.
Allein, wenn ihr vor sterblichen Geschlechtern
Nicht Scheue habt, so ehret doch die Flamme,
Die alles weidende, des Königs Helios!
Nicht darf man unbedeckt ein solches Unheil
Aufzeigen, das die Erde nicht, und nicht
Der heilge Regen und das Licht anspricht.
Geschwinde tragt hinein ihn in das Haus,
Denn denen im Geschlecht vornehmlich steht es an,
Zu sehn, zu hören eingeboren Übel.

    ÖDIPUS.   Bei Göttern! da du mir das Streben aufhieltst,
Der Trefflichste, zum Schlechtesten gekommen,
Gehorche mir. Zur dir, zu mir nicht red' ich.

    KREON.   Was zu gewinnen, bittest du so sehr?

    ÖDIPUS.   Wirf aus dem Lande mich, so schnell du kannst,
Wo ich mit Menschen ins Gespräch nicht komme.

    KREON.   Schon wärs geschehn, das wisse, wollt' ich nicht
Zuerst vom Gott erfahren, was zu tun sei.

    ÖDIPUS.   Doch schon ist ganz von ihm gesagt die Sage,
Daß man verderbe mich gottlosen Vatermörder.

    KREON.   So ward gesagt, doch, wo wir stehn, im Falle,
Ists besser noch, zu hören, was zu tun sei.

    ÖDIPUS.   So um den Mann, mühselig, wollt ihr fragen?

    KREON.   Du magst auch jetzt dem Gotte glaubig sein.

    ÖDIPUS.   Auch schreib' ich es dir vor und heiße dichs.
Ihr setze in den Häusern, wie du willst,
Den Hügel, denn du tust den deinen es mit Recht.
Meinwegen halt' es nicht der Mühe wert,
Daß mich die väterliche Stadt lebendig
Zum Mitbewohner habe. Sondern laß
Mich wohnen auf den Bergen, wo berühmt ist
Hier mein Kithäron, den, noch lebend, Mutter

Und Vater mir zum Grabmal auserkoren,
Daß ich durch jene sterbe, welche mich verderbt,
Wiewohl ich dieses weiß, mich konnte Krankheit nicht,
Nichts sonst zerstören; nicht bin ich vom Tod'
Errettet, denn zu diesem großen Übel.
Doch dies mein Schicksal geh, wohin es will.
Für sie, die Kinder, für die männlichen,
Für mich nicht sorge, Kreon. Sie sind Männer,
Daß Mangel nie sie haben werden, wo
Sie sind im Leben. Meine mühselgen
Erbarmungswerten Jungfraun aber, denen
Nie leer von Speis' und ohne unser einen
Mein Tisch war, die, was ich berührte, teilten,
Allzeit in allem, nehme der dich an.
Auch wohl erlaubst du, zu berühren sie
Mit Händen und das Unglück zu beweinen.
Geh, o mein König!
Geh, du aus edlem Stamm! berühr' ich sie,
Wirds sein, als hielt' ich sie, da ich gesehn.
Was sag' ich?
Hör' ich, bei Göttern, nicht, die Lieben, wie
Sie um mich weinen? und erbarmend schickt
Sie Kreon mir, die liebsten meiner Kinder.
Hab' ich nicht recht?
    KREON.   Das hast du, eben bring' ich sie zu dir.
Ich weiß, von je war dieses deine Freude.
    ÖDIPUS.   Gesegnet seiest du, und dieses Wegs
Mag besser dich, als mich, ein Geist geleiten.
O Kinder, wo seid ihr wohl? kommt hieher, kommt,
Zu meinen brüderlichen Händen, ihr,
Die ihr, da er die Pflanzen zog, dem Vater
Geweidet habt die vormals hellen Augen,
Mir Kinder, der unwissend, unerfahren,
Ist Vater worden, wo er selbst gepflügt ward.
Beweinen muß ich euch, kann euch nicht ansehn,
Wenn ich den Rest des trüben Lebens denk'
Und wie Gewalt ihr leiden müßt von Menschen.
Wo in Versammlungen der Städter mögt ihr gehn?
Zu welcher Feier, wo ihr weinend nicht
Nach Hause geht, statt mit den Festtagsreihen?

Doch wenn ihr nun zum Gipfel kommt der Hochzeit,
Wer wird es sein? wer wirft hinweg die Kinder,
Nimmt an den Schimpf und so, wie meinen Eltern
Und euch sie kommen, die Beleidigungen?
Denn welches Übel fehlt nicht? Euren Vater
Ermordete der Vater, die Gebärerin
Hat er gepflügt, von der er selbst gesäet ward,
Und von denselben zeugt' er euch, von denen
Er selbst gekommen. So seid ihr beschimpft.
Und so, wer mag euch freien? keiner wirds,
Ihr Kinder, sondern sicher ist es, dürre
Vergehen müsset ihr und ohne Hochzeit.
O Sohn Menökeus! aber, da allein du
Als Vater ihnen übrig bist, denn wir,
Die sie gezeugt, ein Paar, sind untergangen,
Verachte nicht die armen männerlosen
Verwandten Irrenden; du wirst sie nicht
Gleich stellen diesen meinen Übeln, wirst dich
Erbarmen ihrer, dies ihr Alter schauend.
Verlassen sind sie ganz. Bei dir steht es.
Versprich es, Edler! reiche deine Hand mir!
Euch, Kinder, wenn ihr schon die Sinne hättet,
Möcht' ich noch vieles mahnen. Jetzt gelobt mir,
Was immer leben muß, und daß ihr leichter
Wollt leben, als, der euch gezeugt, der Vater.

KREON.   Genug, wohin gerätst du weinend?
Gehe nun hinein ins Haus!

ÖDIPUS.   Folgen muß man, freut es gleich nicht.

KREON.   Alles ist zu rechter Zeit schön.

ÖDIPUS.   Weißt du, was ich nun will?

KREON.   Sag es. Ich weiß es, hör ich es.

ÖDIPUS.   Aus der Heimat sende fort mich.

KREON.   Was der Gott gibt, bittst du mich.

ÖDIPUS.   Doch verhasset Göttern komm ich.

KREON.   Darum auch erhältst du's bald.

ÖDIPUS.   Sagst dus nun?

KREON.   Was ich nicht denke, sag ich zweimal nicht.

ÖDIPUS.   Führe du mich jetzt von hinnen.

KREON.   Gehe! laß die Kinder nur!

ÖDIPUS.   Keineswegs nimmst du die mir.

KREON.   Alles maße dir nicht an.
Auch was eigen dir gewesen, folgt dir nicht im Leben nach.
CHOR.   Ihr im Lande Thebe Bürger, sehet diesen Ödipus,
Der berühmte Rätsel löste, der vor allen war ein Mann.
Der nicht auf der Bürger Eifer, nicht gesehen auf das Glück,
Wie ins Wetter eines großen Schicksals er gekommen ist,
Darum schauet hin auf jenen, der zuletzt erscheint, den Tag,
Wer da sterblich ist, und preiset glücklich keinen, eh denn er
An des Lebens Ziel gedrungen, Elend nicht erfahren hat.

José Guadelupe Posada, *Drachentöter*, Posada's popular Mexican Prints, New York 1972

DIE ENTFREMDENDE ARBEIT DES DRACHENTÖTENS ODER KÖNIGS ÖDIPUS UND DIE ÖKONOMIE

> Die *Sinnlichkeit* muß die Basis aller Wissenschaft sein. Nur, wenn sie von ihr, in der doppelten Gestalt sowohl des *sinnlichen* Bewußtseins als des *sinnlichen* Bedürfnisses, ausgeht — also nur wenn die Wissenschaft von der Natur ausgeht —, ist sie *wirkliche* Wissenschaft.
>
> *Karl Marx,*
> *Ökonomisch-philosophische*
> *Manuskripte*

Auch heute noch sind Drachen und Ungeheuer, wie die Sphinx, Mischungen von Schlangen, Echsen, Löwen, Vögeln und was immer die Phantasie noch ausbrüten mag — nicht nur in den Alpträumen von Kindern —, genauso gegenwärtig wie zu Beginn unserer Zivilisation. In Mythen, Märchen, Kunst und Literatur wimmelt es von solchen Fabelwesen — bis heute werden sie immer wieder herangezogen, um innere wie äußere Bedrohungen der Gesellschaft zu artikulieren oder überhaupt erst aufzubauen. Möglich wäre, daß sie also noch immer für etwas einstehen, das die Gesellschaft mit Recht fürchtet: die Zerstörung — sei es von innen oder außen — des vermeintlichen gesellschaftlichen Organismus, der mit Gewalt zusammengehalten wird. Wäre die Angst also realistisch und möglicherweise in der Art der Organisation des gesellschaftlichen Lebens selbst begründet?

Phantastische Schlangen- und Drachenkämpfe sind vermutlich so alt wie die menschliche Gesellschaft; kaum eine Kultur kann in ihren Mythen auf das Drachentöten verzichten. Im altbabylonischen Mythos z. B. tötet der Held Marduk die Schlange Tiamat. Er verkörpert den Sonnengott und Tiamat das Chaos einer nicht vergesellschafteten Natur, die als weiblich gedacht wird. Obgleich ursprünglich Mutter der Götter, ist sie zur Bedrohung der Welt geworden, was ihre Hinrichtung durch den Helden rechtfertigt. Er erschlägt und zerfetzt sie, reißt ihr das Herz in Stücke, spaltet den Schädel, tobt. Schließlich besinnt er sich, doch etwas »Nütz-

Marduk und Tiamat, Zylindersiegel, Britisches Museum, London

liches« zu tun und teilt ihren Leib in zwei Teile, die als
Himmel und Erde eine erste Ordnung in das Chaos bringen.
Marduk ist eine Art Prototyp des Schöpfergottes, noch wild
und tobend; seine Macht über die Natur ist noch unsicher.
Die Ambivalenz jedoch, daß die Schlange Tiamat die Welt
bedroht, die durch ihren Tod erst geschaffen wird, ist
Ausdruck einer gesellschaftlichen Verfassung, in der die
Gesellschaft in der Abwehr bedrohlicher Ungeheuer immer
wieder konstituiert wird. Sie wachsen nach, wie die Köpfe
der Hydra, der vom starken Mann Herakles das unsterbliche
Haupt eben doch nicht endgültig abgeschlagen wurde.

Die Hydra war nach der Sage der griechischen Antike eine
Tochter des Typhon und der Erdschlange Echidna, wie die
Sphinx und auch wie sie von Hera zur Bedrohung, allerdings
nicht der Stadt Theben, sondern speziell des Thebaners
Herakles ausgesandt. Herakles hatte, nachdem er im Wahnsinn seine Kinder erschlagen, jene selbstaufopfernden und
opfernden Arbeiten zu verrichten, die ihn schließlich berühmt gemacht haben. Vermittelt durch das delphische
Orakel sollte er dem Eurystheus von Tiryns zur Strafe
dienen, der ihm dann diese Arbeiten auferlegte. Sie sind als
Grundmuster jener selbstentfremdenden Arbeit anzusehen,
die bis heute die Ökonomie unserer Gesellschaft bestimmt,
nämlich Natur der Gesellschaft botmäßig zu machen, auch
die der Gesellschaftsmitglieder selbst. Darin liegt ihre Selbstentfremdung begründet; Selbstentfremdung auch als Verhältnis der Natur zu sich selbst.

Antonio del Pollaiolo, *Herakles und die Hydra*, Uffizien, Florenz

Nachdem Herakles als erste Arbeit den nemeischen Löwen erwürgt und ihm das Fell abgezogen hatte, bekam er von seinem Arbeitgeber als zweite Aufgabe den Auftrag, die Hydra von Lerna zu töten. Sie war ein Ungeheuer mit hundeähnlichem Körper und acht oder neun, manchmal fünfzig und hundert Schlangenköpfen und hauste in einer Höhle, bei der Quelle eines Flusses. Sie bedrohte nicht nur die Stadt Lerna, in der geheime Riten zu Ehren von Dionysos abgehalten worden sein sollen, sondern auch einen Mysterienort der lernaischen Demeter, jener Kornmutter, der die Bewohner des Landes ihr Brot verdankten, was allein schon das Pazifizierungsunternehmen des Herakles rechtfertigte. Die Hydra galt als so giftig, daß ihr Atem und selbst ihr Geruch Leben zerstören konnte. Schlug man eines ihrer Häupter ab, wuchsen ihr sofort zwei oder mehr an der gleichen Stelle nach. Ein Haupt soll überhaupt unsterblich und zu dem teilweise aus reinem Gold gewesen sein. Wo die Hydra zu finden sei, erfuhr Herakles von der patriarchalisierten Athene, die ihm auch den Tip gab, die Hydra mit Brandpfeilen aus ihrer Höhle zu locken. Der Befriedungsfeldzug geht wie immer nicht ohne Gemetzel ab, während dessen Herakles noch zusätzlich die Hilfe seines thebanischen Neffen Jolaos in Anspruch nahm. In ihrem Kampf ums Überleben soll die Hydra von einem Krebs oder Skorpion unterstützt worden sein. Aber wie zu erwarten, siegt der Held schließlich und schlägt der Hydra mit seinem Schwert ihr goldenes Haupt ab.

Wegen der Hilfe, die Herakles zur Liquidierung der Hydra in Anspruch nahm, wird seine Arbeit von Eurystheus nicht voll anerkannt. So wird bereits in der mythischen Begründung selbstentfremdender Arbeit die individuelle Leistung als Maß erfolgreicher Naturbeherrschung, um die es ja hier geht, herausgestellt. Helden sind Einzelkämpfer, wie der germanische Drachentöter Siegfried, der nach alten Überlieferungen noch sein Opfer heimtückisch aus dem Hinterhalt eines Erdloches absticht, und wie etwa Kopfjäger auf Borneo, die bis in die jüngste Zeit noch ihre Schrumpfköpfe meuchelmörderischen Eroberungszügen verdankten. Der offene heldenhafte Kampf von Mann zu Mann oder Ungeheuer ist erst Produkt entwickelten sportlichen Bewußtseins einer Lei-

Siegfried im Drachenblut badend, G. Schalk, Deutsche Heldensagen

stungsgesellschaft, die sich bereits über den kruden, alltäglichen Kampf mit der Natur ums bloße Überleben erhoben hat. Nach anderen Überlieferungen tötet Siegfried sogar zwei Drachen oder Lindwürmer, wie sie im Germanischen heißen. Bevor er Fafner aus einem Erdloch absticht, um an den Nibelungenschatz zu kommen, trifft er auf einen in einem Drachenpfuhl hausenden Lindwurm, dem er mit Feuer den Garaus macht. Siegfried kommt auf die Idee, das Wasser des Pfuhls zu erhitzen, so daß der Lindwurm darin zu Tode gesotten wird.

In der Tat eine zivilisierende Geste, die in gewisser Weise noch heute wiederholt wird, wenn man z. B. lebende Krebse in siedendes Wasser wirft. Denn daß der Übergang vom rohen zum gekochten oder gebratenen Fleisch ein entscheidender zivilisierender Schritt ist, steht außer Zweifel und ist mit der Bedeutung von Feuer und Feuererzeugung für die Entwicklung der menschlichen Gesellschaft verknüpft. Die Entdeckung oder Erfindung des Feuermachens und die damit verbundene Möglichkeit Fleisch zu braten oder zu kochen, ist ein Schritt menschlicher Emanzipation aus dem Tierreich, der wohl mit keiner anderen menschlichen Erfindung vergleichbar und der zudem uralt ist, wie die 700 000 Jahre alten Funde von Schädeln, Feuerresten und Werkzeugen aus Stein und Knochen in der nordgriechischen Petralona-Höhle beweisen. Nur verzehrt Siegfried weder Drachen noch Sud, sondern nimmt im Sud ein Bad, nachdem er durch Eintauchen eines Fingers festgestellt hat, daß der Sud drachenhautbildend ist. Dieses Sudbad soll ihn bis auf eine Stelle am Körper unverwundbar gemacht haben: Eine Art symbolische Rückkehr in den Mutterschoß und der anschließenden Wiedergeburt, mit der immer ein Heldenleben beginnt. Das Eintauchen des Fingers und die damit verbundene Desensibilisierung, die ihn stark macht, spricht für die verdrängten Inzestwünsche des Helden. Hat der Held erst einmal die Höllenfahrt überstanden und ist unversehrt zurückgekehrt, wird er, ausgerüstet mit einem Stück überwundener Natur, unbesiegbar sein.

Daß die Überlieferung übrigens die Stelle möglicher Verwundbarkeit auf die Schulter verlegt, wohin ihm beim Baden ein Lindenblatt gefallen sein soll, ist vermutlich eine

List, um die Geschichte über die Zensurschwelle der Kinderstube zu bringen. Jeder Kenner christlicher Zensur weiß, wohin dies Blatt gehört und wenn überhaupt, wo Helden verwundbar sind. Vermutlich ist der deutsche Held also später auch nicht hinterrücks erschlagen, das wäre mehr seine eigene Spezialität, sondern entmannt worden. Allerdings ist damit das Heldenleben auch zu Ende.

Allein das Abschlachten ganzer Drachengeschlechter bleibt notwendige Heldenarbeit: Sie verkörpert eine Emanzipation des Menschen von der wilden, gefährlichen, chaotischen Natur, durch die er allererst zum Menschen wird. Es ist der Akt, Natur unter gesellschaftliche Kontrolle zu bringen. Die Arbeit der Helden und Götter heißt allerdings nicht bloße Liquidierung der chaotischen Natur, sondern deren Indienstnahme zur weiteren erfolgreichen Naturbeherrschung, auf der dann ein prosperierendes gesellschaftliches Leben aufbaut. Es ist die Drachenhaut, die Siegfrieds spätere Erfolge eigentlich ausmacht, wie der Schlange des Äskulap seine Heilerfolge zuzuschreiben sind. Auch Apollo orakelte nicht selbst, das tat seine Priesterin Pythia, die in Delphi zwar in seinem Heiligtum, aber als Repräsentantin der von Apollo verdrängten Delphyne auch Ödipus das Orakel gab. Den alten Kult spannten die Griechen für ihre Zwecke ein, wie die christliche Kirche heidnische Bräuche des Volkes. Der Delphyne gesellte der griechische Mythos jenes männliche Schlangenungeheuer Phython bei, das Apollo in einem Spalt beim heiligen Schrein in Delphi erschlagen haben soll. Vermutlich überwand auch er Delphyne, wie Ödipus die Sphinx. Ein Unternehmen, durch das jene, den gesellschaftlichen Zusammenhalt bedrohenden Naturkräfte domestiziert und in heilsamen Nutzen verwandelt werden sollen. In den mythischen Überlieferungen gesellschaftlicher Naturbeherrschung kommt die diesem Verhältnis zugrundeliegende Dialektik zum Ausdruck.

Wenn Drachen gewöhnlich Quellen hüten oder in ihrer Gewalt haben, wie jener Drache, den Kadmos erschlagen, bevor er die Stadt Theben gründete, oder einen Pfuhl bewohnen, wie Siegfrieds erster Lindwurm, eine Frau in ihrer Gewalt haben oder bewachen, wie die von Perseus befreite Andromeda oder zu verschlingen drohen, wie jenes vom

Adam Lenckhardt, *Perseus rettet Andromeda*, Badisches Landesmuseum, Karlsruhe

heiligen Georg befreite Mädchen oder aber wie in vielen Märchen und Mythen einen Schatz bewachen, wie ein Drache das goldene Vlies oder Fafner den Schatz der Nibelungen — immer steht der Kampf des Helden mit dem Drachen für das nämliche, der gesellschaftlichen Ökonomie zugrundeliegende Naturverhältnis. Die Unterwerfung der Natur — in der Sprache des Mythos stets als Kampf mit dem Monster dargestellt — ist eine zwar die Gesellschaft erst konstituierende, aber auch ständig zu wiederholende Aktion, deren Mißlingen Krankheit, Zerfall und schließlich den Tod der Gesellschaft selbst zur Folge hat. Jedoch die Teilerfolge oder das Scheitern der Helden ist Ausdruck eines letztlich für die Gesellschaft selbstzerstörerischen Naturverhältnisses, einer Zerreißprobe, der sie auf Dauer nicht gewachsen ist. Solange die dienstbar gemachte, unterdrückte Natur auch weiterhin unterdrückt bleibt, ist die Gesellschaft vom Aufstand eben jener dienstbar gemachten Geister bedroht, die sie selbst beschwor und ausbeutet.

Ein einer derartigen Zerreißprobe ausgesetzter Held ist auch Ödipus. Er überwand die von der Ehegöttin Hera zur Strafe gesandte singende Sphinx, eine Schwester des nemeischen Löwen, der Hydra und der Sirenen, also ein, wenn auch verlockendes, Ungeheuer, um, wenn wir dem Mythos folgen, Laios an die gesitteten Bahnen produktiven Ehelebens zu mahnen. Eines kinderzeugenden Ehelebens, das als Vorbild der Reproduktion agrarischer Gesellschaften nur zu charakteristisch ist. Auf agrarische Gesellschaften bezogen verkörpert die Sphinx die verwilderte, der unbeherrschten Natur wieder anheimgefallene Ackerfläche. Sie ist die weibliche Antithese zur Mutter.

Verkehr von unten mit der Mutter in Reithaltung soll nach einigen den Tod des Träumers bedeuten; denn die Mutter gleicht der Erde, da diese Nährerin und Gebärerin von allem ist; Erde aber kommt nur über die Toten und nicht über die Lebenden. Ich habe aber selbst beobachtet, daß zwar die Kranken auf diesen Traum hin regelmäßig starben, aber die Gesunden in völliger Unbeschwertheit und ganz nach Wunsch das weitere Leben verbrachten. Das ist richtig so und vernünftig; denn in den anderen Stellungen tritt Erschöpfung und

Keuchen meist beim Manne auf, für die Frau aber ist alles weniger anstrengend; in dieser Stellung aber hat ganz im Gegenteil der Mann Genuß ohne Anstrengung.

Artemidor

Sphinx und Opfer,
Lekythos, National-
museum, Athen

Sphingen nannten die Griechen die Prostituierten, die in Rom u. a. auch anxicia, Würgerin, genannt wurden, ein Beiname auch der Sphinx des Ödipusmythos. Das verbindet die Sphinx mit den alten agrarischen Hochzeitsritualen und legt die Vermutung nahe, daß die Sphinx und Iokaste ein und dieselbe Figur sind, aufgespalten in die zivilisierenden Schritte des Hochzeitsrituals; die Frau, die durch die Heldentat des Ödipus zur Ehefrau gemacht wird. Zu den orientalischen Kulten der großen Mutter — und der Ödipusmythos ist nicht zuletzt durch die Sphinx mit dem Orient verbunden — gehört auch die voreheliche Tempelprostitution. Herodot berichtet, daß sich die jungen Frauen in Babylon vor den Tempel der Mylitta zu setzen hatten, bis ein Fremder ihnen eine Münze in den Schoß warf, worauf sie mit ihm außerhalb des Heiligtums den Geschlechtsakt vollzogen. Auch von den Lydern berichtet er, daß sich ihre Töchter durch Prostitution die Aussteuer verdienten; eine Sitte, die vermutlich auch in den Mutterkulturen allgemein verbreitet war. Und das nicht nur im Orient. Selbst europäische Hochzeitssitten, wie

Geschenke der Hochzeitsgäste für die Braut, weisen vermutlich auf die ehemals übliche Bezahlung für den Geschlechts-
verkehr mit den Hochzeitsgästen vor der Hochzeit hin. Die
osteuropäische Redewendung gelegentlich einer Hochzeits-
feier, daß genug Vulva für alle Gäste da sei, ist deutlich genug.
Diese Hochzeitssitte als ständige rituelle Wiederholung des
Sturzes der Sphinx zu verstehen, ist sicher nicht überinter-
pretiert. Noch der Polterabend weist in diese Richtung.
Solche Tatsachen als Argument für einen ehemals freien
Sexualverkehr zu benutzen, liegt nahe, zumal bekannt ist,
daß Sitten älterer Gesellschaftsformationen oft in Relikten
überleben.

Zweifelhaft bleibt aber diese Argumentation jedoch nicht
nur, weil nicht von einem Ritual auf allgemeine Verhältnisse
geschlossen werden kann, sondern vor allem deshalb, weil
bislang jede gesellschaftliche Assoziationsform gerade auf
Triebeinschränkung aufbaute, eine Triebeinschränkung, die
in vielen Variationen im Inzesttabu formuliert wurde und in
dem Mythos vom Drachenkampf oder Sphinxsturz bildli-
chen Ausdruck fand. Danach wäre die voreheliche Prostitution in den Hochkulturen lediglich Bestandteil eines Rituals,
in dem die Gesellschaft als eine unter ökonomischen Gesetzen zusammengehaltene Gemeinschaft konstituiert wird.
Das beschränkte Freisetzen sexueller Triebkräfte würde diese
Intention nur unterstützen. Auch Relikte wie der Karneval
könnten ein Hinweis darauf sein.

Vor einem Rückfall in die »tierische« Anarchie durch
Nichtbeachtung der triebökonomischen Gesetze wird durch
die Sphinx eindringlich gewarnt. Wer ihr anheimfällt, wird
verschlungen. Voreheliche Prostitution oder etwa das Jus
primae noctis, das Recht des Priesters, zuerst mit der Braut
den Geschlechtsakt zu vollziehen, gehörten offenbar zu
einem Einweihungsritual, in dem die jungen Mädchen zu
Frauen gemacht wurden, besser gesagt, zu Müttern, jenen
Gebärmaschinen, die als Garanten gesellschaftlicher Reproduktion zugleich allgemeines Opfer sind. Ein Zusammenhang, den der Faschismus in seinem Versuch, die Gesellschaft
noch einmal bewußt in archaische Opferzusammenhänge zu
treiben, überdeutlich artikulierte: Die Mutter als Opfer und
Idol.

Mutter, die natürliche Lebensaufgabe der Frau　　　　　　　　Jean Solé

   Zum Ritual gehört auch Schmuck und Bemalung, wie es
zur Herrichtung jedes Opfers notwendig ist. Dabei spielt z.
B. die rote Farbe eine wichtige Rolle. Sie symbolisiert das
Blut der Menstruation, das Gebärblut, wie das des Schlacht-
opfers und weist damit auf Opfer, Zeugung und Geburt als
Grundgesetz gesellschaftlicher Reproduktion hin. Es ist das
blutende Opfertier, das noch durch die roten Lippen des
Vamp spricht. Der Mythos, daß Männer ihm zum Opfer
fallen, verdrängt, daß der Vamp, durch den Artikel des
Geschlechts beraubt, selber bereits Opfer ist. Henna,
Schminken von Augen, Lippen, Finger- und Fußnägeln sind
Relikte einer ehemals vollständigen Bemalung des Opfers.
Die buntgeschminkten Prostituierten erinnern auch heute
noch an jenes orgiastische Ritual: Abschied von einer freien
Sexualität, die es ohnehin nie gegeben hat. Indem das
Schminken signalisiert: Ich bin bereit, verheißt es eigentlich

schon nicht mehr ein freies Liebesleben, sondern lediglich die mehr oder weniger freiwillige Unterwerfung der Sexualität der Frau unter die des Mannes. Der Schmuck der Braut ist Ausdruck des Opferrituals, dem sie sich unterwirft. Darum hat sie nicht nur äußerlich etwas mit den seit altersher reichgeschmückten Opfertieren gemein. Ihnen galt immer schon die ganze Liebe, ehe sie zur Schlachtbank, d. h. auf oder an den Altar geführt wurden. So schmückten auch die Mayas u. a. Jungfrauen, behängten sie reich mit Schmuck, ehe sie in den Opferbrunnen geworfen wurden, um Regen oder eine gute Ernte zu erzielen. Das war eine symbolische Hochzeit. Auf dem Tod dieser Opfer baut das Leben der Gesellschaft auf.

Die Ödipusgeschichte artikuliert in mythischer Verdichtung diesen Prozeß der Zivilisation, die durch Opfer fortschreitet, und die Bedrohung, die aus dem Versuch erwächst, diese Grundlage der Zivilisation aufzuheben, d. h. im Mythos wird durchaus ein Stück realer Zivilisationsgeschichte dargestellt. Wenn Ödipus zunächst die Sphinx erschlägt und so die Stadt Theben befreit, können wir vermuten, daß er eine Ordnung wieder herstellt, vielleicht allererst gründet, wie Kadmos erst den Quelldrachen beseitigen mußte, um das für Stadtgründung und Zivilisation unentbehrliche Wasser in die Verfügungsgewalt des Menschen zu bekommen, d. h., daß der Mensch nicht mehr den Zufällen der Natur ausgesetzt ist. Herakles' Bezwingen der Hydra wird auch als das Unternehmen, Wasser unter die Kontrolle des Menschen zu bringen, gedeutet; die Trockenlegung der Sümpfe von Lerna und ihre Verwandlung in Kulturland. Mit diesem Schritt der Objektivation, d. h. Natur zu domestizieren, setzt dann auch die Angst ein, von ihr wieder verschlungen werden zu können. So wachsen die Köpfe der Hydra eben doch nach.

Löst Ödipus die scheinbar später in den Mythos eingeführten Rätsel der Sphinx, hat er sich aus dem kruden Kampf ums Dasein bereits erhoben. Mit seinem Wissen wird ein durch Wissenschaft vermitteltes Naturverhältnis artikuliert. Es ist die Weisheit der Natur selbst, die hier zu ihrer Unterwerfung eingesetzt wird. Dies Wissen konnte Ödipus nur von seiner Mutter haben, deren Name Iokaste, Epikaste, Euryganeia, Eurikleia, Artymedusa oder wie immer sie genannt wurde, nur ein anderer Name der Mutter Erde ist. Sie entstammte den Spartoi, den Gesäten, wie die Griechen auch die vaterlosen Kinder nannten, die nur ihre Mutter kannten. Seiner Mutter Bestimmung, nämlich Kinder zu zeugen, Gerechtigkeit widerfahren zu lassen, hatte Hera auch die Sphinx geschickt, als Antigestalt der Mutter selbst.

Wenn Wagner im *Siegfried* die Erda sagen läßt: »Mein Schlaf ist Träumen, mein Träumen Sinnen, mein Sinnen Walten des Wissens«, erweckt er jenes mythische Bewußtsein von Wissenschaft, das gegen rein zurichtende Wissenschaft immer wieder reklamiert, jedoch auch immer wieder verdrängt wurde. Denn als Ödipus das Rätsel der Sphinx löste, war der Bann der Natur gebrochen und der unaufhaltsame Fortschritt der Zivilisation in die Wege geleitet. Ziel dieser Wissenschaft ist die vollständige Herrschaft des Menschen über die Natur, das »Regnum Hominis«. So hat es der Renaissancephilosoph Bacon in seinem *Nova Atlantis* formuliert. Die »Gesellschaft des Hauses Salomons« verkörpert dort ein Wissenschaftsverhältnis, das sich erst später voll entfalten sollte. Die Gesetze, mit denen man die Natur beherrscht, sind zugleich jene, mit denen auch die Natur des Menschen beherrscht wird und auf denen jeder ökonomische Imperialismus aufbaut, auf ein Verhältnis von Triebunterdrückung und Ausbeutung als Grundlage ökonomischer Reproduktion. Ödipus ist ein Eroberer, nicht nur seiner Mutter, auch der Stadt Theben und ihr Befreier aus dem Chaos ungeordnet waltender Natur. Er ist ein Begründer der Ökonomie.

Indem Ödipus das Rätsel der Sphinx löst, folgt er zugleich einem alten Hochzeitsritual, nach dem der Brautwerber Rätselaufgaben zu lösen hat, um die Braut unter die Herrschaft des Mannes, wie die Natur unter die Herrschaft des Menschen — das ist nur ein anderer Ausdruck für Mann — zu bringen. Das Motiv, die Sphinx mit einer Keule zu erschlagen, geht vermutlich auf ein älteres Ritual zurück: den Wettkampf mit der Braut selbst, im Mythos dargestellt, z. B. im Wettlauf von Hippomenes und Atalanta. Sie wurde als Kind ausgesetzt, von einer Bärin gesäugt, galt als Naturwesen, verkörperte also in gewisser Weise nicht vergesellschaftete Natur. Jeder Bewerber hatte sich mit ihr im Wettlauf zu

A. Aubry, M. Küsel u. a., *Hippomenes und Atalanta*, Metamorphosen des Ovid

messen. Unterlag er, wurde er von ihr getötet, wie auch die
Sphinx jene glücklosen Männer verschlang, die ihr Rätsel
nicht lösen konnten. Hippomenes gelang es schließlich,
Atalanta im Wettlauf dadurch zu besiegen, daß er während
des Laufs drei goldene Äpfel auf die Bahn warf, nach denen
sie sich bückte, um sie aufzuheben, und so nicht nur Zeit,
sondern auch ihre Freiheit verlor. Die Äpfel hatte Hippomenes aus dem Garten der Hesperiden, einem Obstgarten,
den die Mutter Erde der Hera geschenkt haben soll. In
Plastiken wurde Hera, die Ehegöttin, oft mit einem aufge-
schnittenen Granatapfel in der Hand dargestellt; ein anderes
Symbol auch der ehelichen Fruchtbarkeit.

> Aber gut ist es für einen, der um Land prozessieren, Land kaufen will, Land bestellen möchte, (im Traum) mit der toten Mutter zu verkehren.
> *Artemidor*

Gartenbau ist die älteste Form planmäßiger agrarischer Reproduktion, eine Domäne der Frauen und zugleich ökonomische Funktionalisierung ihrer natürlichen Gebärfähigkeit: Erntesegen und Kindersegen waren synonym. Im Kult wurde das eine immer durch das andere animiert. Wenn Atalanta die goldenen Äpfel aufhebt, hilft sie damit, Naturwüchsigkeit in die geordneten Bahnen einer ökonomischen gesellschaftlichen Verfassung überführen. Man sagt, daß die Frauen daran selbst ein Interesse gehabt haben sollen. Der Gartenbau gilt als ihre Erfindung und Mutterrechtstheoretiker wie Bachofen, betonen immer wieder die schließlich freiwillige Unterwerfung der Frauen unter die Herrschaft des Mannes. Atalanta hebt nicht nur einen Schatz, sondern wird selbst zum Schatz — das klingt in Anredeformen saloppen, kleinbürgerlichen Familienlebens noch nach. Wird die Frau zum Hausdrachen, rächt sich die Unterdrückte als Agentin gesellschaftlicher Naturwüchsigkeit und wird selber repressiv. Diese Deformationen gehören einer vaterrechtlich organisierten Gesellschaft an, die allerdings so alt ist wie der Mythos selbst.

Weist also der Sturz der Sphinx noch auf einen Geschlechterkampf als Kampf um die ökonomischen Grundlagen der Gesellschaft, die sich bis heute durchgehalten haben, so zeigt der Konflikt zwischen Ödipus und Laios oder Vater und Sohn, einen darauf aufbauenden Herrschaftskonflikt einer patriarchalen Herrschaftsform, der die abendländische Gesellschaft allerdings seit mehr als 3000 Jahren verpflichtet ist. Um es noch deutlicher zu sagen: Die oft als so friedlich und natürlich dargestellten mutterrechtlichen Gesellschaften waren mit Sicherheit auch repressiv, insbesondere gegenüber den Frauen, deren Verpflichtung, Kinder zu gebären, Bestandteil des ökonomischen Selbstverständnisses dieser Gesellschaften war: eine Pflicht, deren Verweigerung die Wurzeln der Gesellschaft entscheidender bedrohte als jeder Arbeiterstreik heute. Dazu kommt, daß die Mütter zwar Idol der Gesellschaft waren, aber nicht die Verfügungsgewalt über die Produkte der Sippe hatten. Die hatten die Brüder. Darauf spielt z. B. Kreon an, wenn er sich als gleichberechtigter Herrscher über Theben, neben Iokaste und Ödipus, bezeichnet. Auch Malinowskis Untersuchungen mutterrechtlich organisierter Gesellschaften stellen die entscheidende Rolle des Mutterbruders immer wieder heraus. In mythischer Verdichtung weist die Ödipussage auch auf den schon für das Mutterrecht konstitutiven Geschlechterkampf, der immer wieder mit der Funktionalisierung und Stilisierung der Frau zur Mutter ausgeht, und auf den Prozeß der Ablösung mutterrechtlich organisierter Gesellschaften durch das Vaterrecht, das aber in Gestalt des Ödipus im Mutterrecht bereits schlummerte.

Schon das Motiv des Drachens, der den Schatz bewacht, den man besiegen muß, um an den Schatz zu kommen, weist auf den Versuch durch Anlage eines Horts, durch Akkumulation, dereinst einmal frei sein zu können vom alltäglichen Opfer, wie der Sabbat ein von entfremdeter Arbeit befreites Leben verspricht. Es ist der Tag des Satans, der Lust. Ist das Sechstagewerk erst einmal vollbracht, steht der Genuß der durch Opfer erkauften Früchte in Aussicht. Das macht nicht zuletzt den Antrieb für die ständig fortschreitende Akkumulation aus. Der Sieg über den Quelldrachen macht den Weg frei für die für den Gartenbau notwendige Bewässerung, der Sieg über den Schatzdrachen für den Reichtum gespeicherter Produkte, zuletzt des Goldes, das den Alchimisten als das ausgereifteste Metall galt. Beide Taten illustrieren die Unterwerfung des fruchtbaren Schoßes der Mutter Erde, in deren Fruchtwasser die Saaten keimen und aus deren Schoß, unter dem Venusberg, das Gold gewonnen wird. Wenn sich Atalanta nach den goldenen Äpfeln bückt, geht sie auf diese Ökonomie ein. Durch Verzicht auf uneingeschränktes Triebleben, die Bändigung nicht zuletzt ihrer eigenen Natur, fällt ihr der Reichtum zu, nach dem sie sich nur zu bücken braucht, wie nach dem Geld, das bekanntlich auf der Straße des allgemeinen Concours liegt. Sind die goldenen Äpfel der Brautpreis, verkörpern sie also die geopferten Inzestwünsche des Helden, zwingt Hippomenes durch sein Manöver den chaotischen Wildwuchs weiblicher Sexualität in die geordneten Bahnen ökonomischen Ehelebens. Atalanta ist identisch mit Artemis, der Herrin der Tiere, Ernährerin und Beschützerin des Hauses, an deren Tempel auch die Tempelprostitution gepflegt wurde, eine Verkörperung jener, Frauen zu Opfern zurichtenden Ökonomie.

Diese Dialektik von Triebunterdrückung und trügerischem Lohn für das gebrachte Opfer ist als notwendige Grundlage gesellschaftlichen Lebens allgemein anerkannt. Im *Rheingold* z. B. weist der mythologisierende Wagner noch einmal auf dies Reproduktionsverhältnis hin: »Nur einen sah ich, der sagte der Liebe ab: um rotes Gold entriet er des Weibes Gunst«, verkündet Loge und fährt später fort: »Ein Runenzauber zwingt das Gold zum Reif. Keiner kennt ihn; doch einer übt ihn leicht, der sel'ger Lieb entsagt.« Es ist der Wunschring, der, ist das Opfer einmal erbracht, alle Wünsche erfüllt. Ein bekannter Märchentopos. Daß dazu immer neue Opfer gebracht werden müssen, verrät der Ring nicht. Vermittels des Rings, der auf den Finger gesteckt oder als Reif um Hals, Arm oder Bein gelegt wird, wird das Triebleben an die Gesetze gesellschaftlicher Akkumulation gebunden — ein uraltes und weltweit verbreitetes Symbol. Das Gegenbild, das freie Triebleben, verkörpert zuletzt im Inzest, wird wie der absolute, nicht durch Opfer erkaufte Reichtum, als Verlockung und Bedrohung, Monster erzeugende Sünde, ungenießbar, jenseits gesitteten gesellschaftlichen Lebens ins Aus verbannt. Ein Utopia, dessen Betreten bei Strafe verboten ist. Das Schicksal des Ödipus sollte allen eine Lehre sein. Vor der ungezügelten Begierde warnt der Mythos von König Midas, der beim Gott einen Wunsch frei hatte und sich wünschte, daß alles, was er berührt, zu Gold würde. Schließlich erlöst von dem tödlichen Reichtum — denn so konnte er weder trinken noch essen —, wird er zur Strafe auf einem, ungebändigten Trieb symbolisierenden, Esel in die Natur geschickt. Das ist die Hölle, wie alle sogenannten Höllenqualen der Zwang zur ständigen Wiederholung der Sünde sind, als Maß der Strafe immer die Übertretung, das »Verbrechen« selbst gilt.

Diesem Schicksal, zwischen Triebwunsch und gesellschaftlich geforderter Triebunterdrückung schließlich zerrissen zu werden, konnte auch Ödipus nicht entgehen. Daran mahnt zum Schluß, das individuelle Schicksal verallgemeinernd, der Chor:

>»Ihr im Lande Thebe Bürger, sehet diesen Ödipus,
Der berühmte Rätsel löste, der vor allen war ein Mann.
Der nicht auf der Bürger Eifer, nicht gesehen auf das Glück,
Wie ins Wetter eines großen Schicksals er gekommen ist,
Darum schauet hin auf jenen, der zuletzt erscheint, den Tag,
Wer da sterblich ist, und preiset glücklich keinen, eh denn er
An des Lebens Ziel gedrungen, Elend nicht erfahren hat.«

Daß und wie sich die Dialektik von Unterdrückung der Natur als Basis gesellschaftlicher Reproduktion, als gesellschaftlich vermitteltes Naturverhältnis, noch einmal oder besser als Bestandteil eben dieses Verhältnisses im Individuum selbst abspielt, vermittelt der von Freud entdeckte und von ihm so benannte Ödipuskomplex. Es ist das Kernstück der Sozialisierung jedes Individuums unserer Zivilisation, in dem zugleich die Grundlage der Neurosenbildung als Ausdruck nicht gelungener Bewältigung der Triebwünsche, genauer inzestuöser Triebwünsche, erkannt wurde. Bereits in seiner eigenen Traumanalyse um die Jahrhundertwende hatte Freud die Bedeutung von Traumbildern wiedererkannt. Schreckgespenster und Ungeheuer, wie sie z. B. im Alptraum erscheinen, sind als Wiederkehr bereits der Zensur der Abweisung anheimgefallener oder nicht energisch genug abgewiesener, also verdrängter Triebwünsche zu lesen, und zwar diesen Ambivalenzkonflikt ausdrückend, zumeist als Projektionen des Verdrängenden und Verdrängten zugleich. Diese Nachtmahre, Monster, die den Alptraum beherrschen und gelegentlich Pollutionen beim Träumer hervorrufen, gelten als Hinweis auf die nicht gelungene Verdrängung von Triebwünschen, letztlich Inzestwünschen, die jedes Kind hat, und die ihm mit der Sozialisation, d. h. Erziehung, ausgetrieben werden sollen. Daß die Angst, die dieser Verdrängungsvorgang erzeugt, nicht nur die Träume beherrscht, sondern auch manifeste Gestalt annimmt, zeigt die Bedeutung der Phobien in unserer Zivilisation. Das Kind hat am Ende Angst vor dem die Realisierung der Triebwünsche verbietenden Vater oder auch der Mutter, als Stellvertreterin der Autorität, wie vor seinen immer wiederkehrenden Wünschen selbst.

Freud erkannte, daß die gleichen Inzesttabus und die damit verbundenen Ängste, wie sie in einfachsten gesellschaftlichen Organisationen zu beobachten sind, auch in unserer Gesellschaft ihre Wirksamkeit nicht eingebüßt haben, und daß unter bestimmten Voraussetzungen, d. h. wenn die inzestuösen Wünsche nicht sublimiert, d. h. auf andere Triebziele übertragen werden, und zwar verdrängungsfrei übertragen werden, sich neurotische Erkrankungen bilden können, deren Symptome Phobien genannt werden. Exemplarisch hat Freud diesen Zusammenhang an der Phobie eines kleinen Jungen dargestellt: des kleinen Hans. Phobien von Zwangskranken bestehen darin, daß sie zu bestimmten Tieren — im Falle des kleinen Hans zu Pferden — ambivalente Einstellungen zeigen, wie sie bei totemistischen Stammesorganisationen gegenüber dem Totem bekannt sind. Darüber hinaus sah Freud in den Tieren der Phobien, wie in den Totems, Ersatzbildungen der für die Unterdrückung der inzestuösen Wünsche verantwortlichen Vaterautorität. Die Entstehung der Phobie wird vom Vater des kleinen Hans damit begründet, daß die Mutter ihm soviel habe durchgehen lassen.

Der kleine Hans bekam plötzlich im Alter von fast 5 Jahren eine Pferdephobie, die dazu führte, daß er sich nicht mehr auf die Straße wagte, weil er fürchtete, daß die Pferde vorbeifahrender Pferdewagen mitsamt den Wagen umstürzen würden und er von den Pferden gebissen werden könnte. Nach Freuds Vermutung vertraten die Pferde den Vater, das schwarze Zaumzeug um die Schnauze seinen Schnurrbart. Und daß der kleine Hans zugleich fürchtete, die Pferde könnten umfallen und ihn beißen, zeigt nach Freuds Interpretation die ambivalente Einstellung gegenüber dem Vater, von dem er hofft, daß er umfallen, also tot sein möge, und gleichzeitig fürchtet, wegen dieses Wunsches von ihm gebissen, also kastriert zu werden, damit er nicht mehr den Wunsch hege, sich der Mutter zu bemächtigen. Dieser Wunsch allein löst vermutlich den ganzen Konflikt aus. Die ambivalente Einstellung gegenüber dem Vater, nämlich einerseits den Tötungswunsch und andererseits die Furcht vor Rache, die später in Verehrung umschlägt, kennzeichnet auch das Verhältnis der totemistischen Stämme zu ihrem Totem, das immer tabu und als Stammesahn verehrt, jedoch an bestimmten Festtagen, im Zusammenhang mit feierlichen Zeremonien, kollektiv verspeist wird.

Diesem Kern des Totemismus, nämlich dem Wunsch nach

Ödipus, Max Ernst: Une semaine de Bonté

Beseitigung der Vaterautorität und zugleich deren Verinner-
lichung, verdankt sich nach Freud das Exogamiegebot, das
auch den kleinen Hans zwingt, sich eine andere Frau als seine
Mutter zu suchen, will er nicht das gleiche Schicksal wie
Ödipus erleiden. Obgleich der kleine Hans in der Phantasie
diesen Konflikt löst, indem er den Vater zum Großvater
macht und auch ihn mit der eigenen Mutter verheiratet, bleibt
jedoch die auf Triebverzicht aufbauende gesellschaftliche
Realität unerbittlich: »Jedem menschlichen Neuankömmling
ist die Aufgabe gestellt, den Ödipuskomplex zu bewältigen;
wer es nicht zustande bringt, ist der Neurose verfallen«,
schreibt Freud, ebenso pessimistisch wie realistisch.

Jedoch die der Kastrationstheorie Freuds zugrundeliegende Annahme, daß das Totem einen Urvater einer längst
untergegangenen Urhorde vertritt, der von seinen Söhnen
erschlagen wurde, weil er ihnen den sexuellen Verkehr mit
seinen Frauen, also ihren Müttern verwehrte, gewissermaßen
als Kastrator oder mit Kastration drohend auftrat, ist oft
kritisiert worden, zumal, wenn auch nur in geringer Zahl,
auch weibliche Totemtiere bekannt geworden sind. Den
Konflikt zwischen Ödipus und Laios könnte diese Theorie
zwar erklären, nicht aber den Sturz der Sphinx. Denn: ist die
Mutter nun Agentin des Kastrators oder ist umgekehrt er
Agent einer von der Mutter ausgehenden Kastrationsangst?
Dafür sprechen nicht nur die mythischen Überlieferungen;
auch das Natur zurichtende, wenn nicht hinrichtende gesellschaftlich vermittelte Naturverhältnis könnte allemal Ursa-
che für die Angst vor einer sich möglicherweise einmal
rächenden Natur sein.

Einleuchtende Argumente für diese Annahme, die den
Vater lediglich als Agenten einer als kastrierend gefürchteten
Mutter begreift, deren Rache von der weibliche Qualitäten
unterdrückenden und ausbeutenden Gesellschaft der Söhne
mit Recht gefürchtet wird, sind von Klaus Heinrich Ende
1975 in seiner Heros-Vorlesung (ich zitiere das hier aus einer
Nachschrift) vorgetragen worden. »Es sieht so aus«, argu-
mentiert er, »daß die Kastrationsangst, die Angst davor,
kastriert zu werden, auch wenn uns in der Psychoanalyse
immer wieder der Vater als Kastrator vorgestellt wird,
offenbar doch einer weiblichen Figur gilt, daß das Kastra-

tionsinstrument nicht so sehr der männliche Penis, der da als Dolch gebraucht würde, oder seine Armverlängerung oder was immer ist, sondern die Vagina, die mit Zähnen besetzt ist, die darum ›dentata‹ genannt wird, in der, sagen wir: mythologischen Kunstsprache. Zunächst ist es mit Händen zu greifen, um das mythologische Argument gleich zu nehmen, in den ältesten Geschichten der Mythologie, die, als solche vorgeführt etwa bei Hesiod, in den Göttergenerationen deren Abfolge begründet. Da heißt es mit einer sehr großen Deutlichkeit, daß die Sichel, die scharfe, metallene, im Schoße der Gaia, der Erde, gebildet wurde. Wenn Sie das hören, dann ist eigentlich der Agent, deren sich die Erde bedient, um dem Uranos das Zeugungsglied abzuschneiden, nämlich Chronos, gar nicht nötig. Das kann sie selber tun. Diese ihre Kastrationsmacht wird offenbar — so auf den ersten Blick — Männern übertragen. Auf den zweiten Blick haben wir hier schon die Vermutung, die uns bei dem Ganzen leitet, daß nämlich die Angst vor der Rache der real unterdrückten Frauen diese als zu einer derartigen Unterdrückung berechtigend, veranlassend, stilisieren läßt. Sie sind es, die als diese Wesen zu fürchten sind, also das Produkt selber wird, wenn man das Produzent nennen darf, was kastriert, umgebogen in den Produzenten.

Das zweite Argument haben Sie im Isiskult selber, wo in orgiastischen Tänzen, die einen Orgasmus nachahmen, der Akt der Beschneidung als Selbstentmannung erfolgt. Die Weise, wie Lukian die verschiedenen Erklärungsgeschichten hier bringt, zeigt, daß er sehr wohl auch eine Ahnung davon hat, daß offensichtlich Angst vor Rache verständlich ist nach dem, was man selber getan hat: die entfernte Göttin, die real unterworfenen Frauen, die jetzt sozusagen als Stellvertretertäter sich zu Racheopfern erklärenden Priester. Die Erklärungen, daß hier bloß nachgeahmt werde, daß man also versuche isisartig zu sein in den Kleidern, oder daß man gar versuche, beide Geschlechter zu vereinigen, sind von vornherein als Rationalisierungen abzulehnen, denn wo wirklich beide Geschlechter, also Doppelgeschlechtlichkeit, ausgedrückt werden sollen, da werden die Attribute gehäuft und nicht noch zum Teil abgeschnitten.

Das nächste Beispiel ist eines, was die Ikonographie langer,

langer Zeiten uns liefert. Die Schlangen, die von Schlangen-
tötern — also sei es den Heroen, die darauf spezialisiert sind,
oder den Heiligen, die später an ihre Stelle treten, wie der
Heilige Georg — erlegt werden, können einem eigentlich,
wenn man die Größenordnungen vergleicht, nicht Angst und
Schrecken machen. Es gibt zwar Ausnahmen, wie die Meerungeheuer, aber auch dieses Meerungeheuer kann zu einem
kleinen geringelten Schlangenschwanz werden, so wie in fast
allen Darstellungen der Jonasgeschichte. Meistens sind es
winzige, kleine Schlänglein, die von dem Herren auf hohem
Roß, wie dem Georg z. B., erstochen werden, und bedrohlich
werden könnten sie nicht dem Mann, sondern nur seiner
Stellvertretung, seinem Penis.

Das psychoanalytische Argument schließlich leuchtet,
glaube ich, so unmittelbar ein, daß ich es nicht groß zu
kommentieren brauche. So oft wird in den Freudschen
Texten von dem kleinen Mädchen gesagt: ›dies, was ihm
fehle, zeige, es ist kastriert‹, daß sich der Schluß nahelegt, daß
es wohl nicht kastriert ist, sondern kastriert hat, wenn das so
oft mit männlichem Zeigefinger vorgetragen wird, und daß
derjenige, der als Kastrator auftritt, wohl hier selber gefürchtet wird als der Kastrierte, dessen man ansichtig werden
könnte, so wie in der Geschichte mit den Gallen. Ich will
keine Gegenmythologie zu der ohnehin schon reichlich
vorhandenen Mythologie machen, aber ich will doch einmal
darauf hinweisen, daß, so wie bei Freud sich in die Darstellung des bezeichnenderweise neutrius generis benannten Es,
des so neutral erscheinenden, alles bedeutenden, alles ver-
schlingenden, keine richtigen Differenzen kennenden Unbewußten, sich die ambivalente Haltung gegenüber der Weiblichkeit verlagert — und dann gesagt wird: damit hat es aber
nichts zu tun —, so muß nun noch einmal die Angst
kompensiert werden, die Angst vor der Rache der Unterdrückten — eine durchaus historische Angst, nicht eine
physiologisch-mystische Angst — in der Weise kompensiert
werden, daß mit dem zweiten Satz gesagt werden kann: sie
sind ja diejenigen, die sich ängstigen, daß sie kastriert sein
könnten, und damit erkennten sie die mächtige Rolle des
Vaters als Kastrators an.«

Möglicherweise überlagern sich also in vielen dieser den

Kastrationskomplex darstellenden Geschichten zwei Elemente: Die Mutter, von der die Helden fürchten, kastriert zu werden, und der Vater, der als ihr Agent auftritt, nämlich als Kastrator, vielleicht, weil er selber die Erfahrung bereits gemacht hat, nämlich kastriert ist, wie der Priester, als Stellvertreter des Vaters und als Agent der Mutter Kirche.

Auch die Phobie des kleinen Hans läßt noch eine über Freud bzw. den Vater des kleinen Hans hinausgehende Interpretation zu — Freud hatte sich in die Analyse bekanntlich kaum eingeschaltet —, deutet man nur Pferde und Wagen anders, nämlich als weibliche Symbole, eine Deutung, die sich auf allgemeine Erfahrungen der Traumdeutung und der Deutung der Traumsymbole stützen kann. »Ein Pferd — oh du Weiser! — ist eine Frau. Beide sind Eigentum des Mannes«, sagt ein arabischer Traumdeuter, und auch die moderne Traumdeutung sieht in Pferden weibliche Symbole. Das Verb macht das noch einmal deutlich: geritten werden Pferde und Frauen. Mit Brüsten dargestellte Pferde finden wir nicht selten in der phantastischen Kunst. Und die größte Lust von Cowboys u. a., auf dem Rücken von Pferden zu sitzen, ist ein redendes Beispiel. Was also auf den ersten Blick

Anatol Brusilowski, *Drei Helden*

als Vertreter des Vaters erscheint, nämlich Pferde und Wagen
— das mögen sie an der Oberfläche auch sein —, sind im
Grunde die Mutter vertretende Symbole. Also der Wunsch,
daß die Pferde umfallen, d. h. sich ihm unterwerfen, und die
Angst, sie könnten ihn dann doch beißen, also kastrieren, ist
eine tiefere Schicht des Bildes, auf der der Wunsch, sich der
Mutter zu bemächtigen und die Furcht vor der Rache der
imaginierten Vagina dentata sichtbar wird. Die darüber
gepinselte Repräsentanz des Vaters, z. B. das Zaumzeug, das
die Pferde zäumt, domestiziert, mit dem sie zu produktiver
Arbeit geführt werden können, ist zugleich jene Schlinge ums
Maul, die den immer noch möglichen Biß verhindern hilft.
Das sind die Taten des Vaters, der als Reiter, indem er über
das Kastrationsängste mobilisierende Tier verfügt, selbst mit
geborgter Kastrationsmacht ausgerüstet ist. Dazu kommt der
Wagen als Kastrationsängste verursachende Vorstellung: in
ihn eingeschlossen, in einen Uterus oder Sarg gepreßt, wie in
der ägyptischen Mythologie der abgeschnittene Penis des
Osiris. Auch er könnte umfallen, sich unterwerfen, der kleine
Hans, in ihn eindringen, aber möglicherweise aus der Ute-
rus-Unterwelt nicht mehr herausfinden, also eingeschlossen
bleiben.

Wagen und Pferd sind Todessymbole, Produkte einer auf
jenen Opfern aufbauenden Gesellschaft, vor denen sie nun
selber wieder zu Tode erschrickt. Denn einmal erschlagen,
sind die Opfer auch wieder gefürchtet: sie könnten aufstehe-
hen und Rache nehmen — Grund genug z. B. auch Gräber
mit schweren Grabplatten zu versehen. Der Satz von der
Erhaltung der Energie stützt die Vermutung, daß nichts
verlorengehen oder vollkommen beseitigt werden kann.
Auch die vollständige Unterdrückung oder Verdrängung des
Triebs ist nicht zuletzt deswegen nicht möglich, weil die
Gesellschaft auf seine Mitarbeit angewiesen ist. Selbst die
simpelste Produktion von Nachkommen kommt ohne ein
Minimum von Lust nicht aus, wie auch der fortgeschrittenste
Kapitalismus der Arbeitskraft nicht entraten kann. Wie
deformiert auch immer, der Trieb bleibt unterdrückte
Grundlage der Ökonomie. Damit ist sein Widerstand gewiß
und der nächste Aufstand nur eine Frage der Zeit. Und das
solange, wie die Dialektik von Totschlag und Reproduktion

nicht in einer Versöhnung mit dem Opfer aufgehoben werden kann.

Das in Kunstwerken dargestellte Interesse an der Aufhebung dieses Verhältnisses bietet zwar nicht Einhalt, jedoch Eingedenken; im künstlichen Schein auf das Künstliche und damit Aufhebbare dieser gesellschaftlichen Reproduktionsverhältnisse hinzuweisen. Eine großartige Darstellung dieses Zurichtungsprozesses und die Hoffnung auf seine Humanisierung zeigt ein Tafelbild des Florentiner Malers Paolo Uccello. Es wurde Mitte des 15. Jahrhunderts gemalt, etwa 40 Jahre vor der Entdeckung Amerikas, in der Zeit der sogenannten Frührenaissance, als die gerade in Europa entstehende kapitalistische Wirtschaftsform noch in den Kinderschuhen steckte. Das Bild hängt jetzt in der Londoner Nationalgalerie. Es heißt: *San Giorgio e il drago,* der heilige Georg und der Drache, also einer jener professionellen Drachentöter und Kollegen des Ödipus, von denen bereits die Rede war.

Der Sage nach war der heilige Georg, der Siegbringer, ein christlicher Prinz, der Ende des 3. Jahrhunderts gelebt und einen Lindwurm oder Drachen getötet haben soll, der ein Mädchen zu verschlingen drohte. Deshalb wird er meist als schöner Jüngling in Ritterrüstung auf einem weißen Pferd reitend und mit einer Lanze einen Drachen durchbohrend abgebildet. Vermutlich kam die Verehrung des heiligen Georg durch Kreuzfahrer ins Abendland. Bereits unter den Normannenkönigen wurde er zum Schutzheiligen von England erhoben. Auch das Großfürstentum Moskau und spätere russische Kaiserreich nahm den heiligen Georg ins Wappen auf. Orden sind nach ihm benannt und als sein Namenstag gilt der 23. oder 24. April, ein verspäteter Frühlingsanfang.

Uccello stellt den Drachen vor einer etwas künstlich anmutenden, kalksteinfarbenen Felshöhle dar, die eigentlich ein Grab zu sein scheint. Kampf kann das von Uccello dargestellte Tötungsritual eigentlich auch nicht mehr genannt werden, denn das Mädchen, eher eine Prinzessin oder Königin mit langem, wallendem grün-rotem Kleid, das der Drache angeblich zu verschlingen droht, hält ihn, links im Bild vor der Höhle stehend, locker an einem Halsband, fast

Paolo Uccello, *San Giorgio e il Drago*, Nationalgalerie, London

wie ein Haustier. Der Drache ist ein geflügeltes grünes
Ungeheuer, das, auf seinen zwei Beinen stehend, den Kopf
wie ein ängstlicher, bellender Hund gesenkt hält. Der heilige
Georg reitet von rechts auf einem weißen Pferd (roter Sattel
und Zaumzeug) in Ritterrüstung ein und bohrt seine Lanze
in das linke Auge des Ungeheuers. Blut fließt aus dem
aufgerissenen, Zähne bleckenden, roten Maul auf den hellen
Felsboden. Das Ganze spielt sich auf den Wegen eines quasi
französischen Gartens, inmitten einer in geometrischen Formen angelegten Grünfläche ab. Rechts im Mittelgrund:
dichter grüner Wald, darüber spiralförmige, dichte Wolken-
bildung. Im Hintergrund der Bildmitte: grüne Felder, dahinter Bergsilhouetten, braun, grün, blau. Es herrscht schönes
Wetter, drei Wölkchen am blauen Himmel in der Bildmitte;
rechts oben, über dem Reiter, die Mondsichel des abnehmenden Mondes. Das Ganze in Luftperspektive gemalt, also den
Raum mit Hilfe der sich vom Vordergrund zum Hintergrund
von rot, gelb, braunen Farbtönen in blaugrüne Töne wan-
delnden Perspektive dargestellt.

Die Perspektivmalerei, die im 14. Jahrhundert aufkam, war
überhaupt eine Spezialität Uccellos. Er soll mit ihr viel Zeit
vertrödelt haben, schrieb sein Biograph Vasari. Sie ist gewissermaßen die symbolische Inbesitznahme des Raumes, der
Natur, die im Raum eingefangen wird. Nachdem Petrarca im
14. Jahrhundert den Mont Ventoux bestiegen hatte und von
der Natur ergriffen war, wie er schrieb, galt es nun umgekehrt
die Natur zu ergreifen; und was der Wissenschaft die
Naturgesetze sind, ist der Malerei die Perspektive, eine vom
Menschen, d. h. vom Betrachter, ausgehende Ordnung der
Natur, wie später, mit Hilfe der Vermessungskunst, die
Natur real in einem Netz eingefangen und damit der
Verfügungsgewalt des Menschen unterworfen wird. Ein
Zusammenhang, der zugespitzt von Kant formuliert wurde,
indem er meinte, daß die Geometrie, wenn sie über die
Landschaft ihr Netz ausgebreitet hat, die Herrschaft des
Menschen über die Natur gesetzt und damit die geordneten
Bahnen vernünftiger Reproduktion prinzipiell ermöglicht.
Die Erscheinungen der Natur mit Hilfe der Naturgesetze
Regeln zu unterwerfen heißt, die Voraussetzungen gesell-
schaftlicher Reproduktion auf industrieller Grundlage aller-

erst zu ermöglichen; eine Grundlage der Industrie und Naturwissenschaft, die im computergesteuerten Produktionsprozeß schließlich ihre Utopie materialisiert hat.

Kant schreibt in der *Kritik der reinen Vernunft*, in der ersten Auflage, von der Synthesis der Reproduktion in der Einbildung: »Dieses Gesetz der Reproduktion setzt aber voraus: daß die Erscheinungen selbst wirklich einer solchen Regel unterworfen sein, und daß in dem mannifaltigen ihrer Vorstellungen eine, gewissen Regeln gemäße, Begleitung oder Folge stattfinde; denn ohne das würde unsere empirische Einbildungskraft niemals etwas in ihrem Vermögen Gemäßes zu tun bekommen, also, wie ein totes und uns selbst unbekanntes Vermögen im Innern des Gemüts verborgen bleiben. Würde der Zinnober bald rot, bald schwarz, bald leicht, bald schwer sein, ein Mensch bald in diese, bald in jene tierische Gestalt verändert werden, am längsten Tag bald das Land mit Früchten, bald mit Eis und Schnee bedeckt sein, so könnte meine empirische Einbildungskraft nicht einmal Gelegenheit bekommen, bei der Vorstellung der roten Farbe den schweren Zinnober in die Gedanken zu bekommen, oder würde ein gewisses Wort bald diesem, bald jenem Ding beigelegt, oder auch eben dasselbe Ding bald so, bald anders benannt, ohne daß hierin eine gewisse Regel, der die Erscheinungen schon von selbst unterworfen sind, herrschete, so könnte keine empirische Synthesis der Reproduktion stattfinden«. Was hier noch Grundlage der Reproduktion im Kopf, wird später Gesetz materieller industrieller Reproduktion, das Verfahren, durch Gedanken a priori der Natur ihre Gesetzmäßigkeit aufzuerlegen. Auf Kants *Kritik der reinen Vernunft* als Theorie industrieller Reproduktion hat Klaus Heinrich immer wieder hingewiesen. Ausgetrieben werden soll mit der Dialektik von Trieb- und Realitätsanspruch auch die Phantasie, wie das sehr schöne Beispiel im phantastischen Bilde verdeutlicht.

Dieses distinktive Verfahren, die Forderung nach Klarheit und Eindeutigkeit (einer der Grundpfeiler kartesianischer Aufklärung), geht selbst wieder auf die triebökonomischen Forderungen nach Klarheit und Eindeutigkeit der Geschlechter zurück: die Forderung nach Ordnung und Überwindung des Chaos. Marcel Griaule, einer der ersten Ethnologen, die die westafrikanischen Dogon besuchten, hat einen Gründungsmythos von ihnen überliefert, in dem unmißverständlich diese Maxime zum Ausdruck kommt. Die Dogon sind nach Griaules Zeugnis (Dieu d'Eau) ein überaus repressives Volk, das nach »wohlgeordneten Vorstellungen und gemäß einem System von Einrichtungen und Riten lebt, in dem nichts dem Zufall oder der Phantasie überlassen ist«. Ihr Schöpfergott Amma schuf die Erde aus einem Lehmklumpen, der in den Raum geschleudert, sich langsam zu einer Frau entwickelte. Ihr Geschlecht war ein Ameisenhügel, ihre Klitoris ein Termitenbau. Ein Bild, das auch aus der psychoanalytischen Traumdeutung bekannt ist: Ameisen und alle diese »ekelhaften«, krabbelnden Insekten, symbolisieren, gleichsam kleine Ungeheuer, die Angst, zunächst vor dem weiblichen Genitale und dann den Genitalien schlechthin. Verarbeitet hat dies Symbol z. B. auch Salvador Dali im *Rätsel der Begierde*: von ihm selbst als eines seiner wichtigsten Werke bezeichnet. Die Mutter wird dort als Sphinx mit Löwenkopf und einem Körper aus gelbem, verwaschenem, durchlöchertem Felsgestein dargestellt, wie man es gelegentlich an den Küsten des Meeres findet. In den ausgewaschenen Höhlungen sind x-mal die Worte »ma mère« zu lesen. Ihr Genital: ein von Schamhaaren umgebener Ameisenhaufen, ein offenbar nicht auf Europa beschränktes, Kastrationsängste ausdrückendes Bild.

Als sich Amma, der Gott der Dogon, nun seinem Geschöpf, der Erde, in der Absicht nähert, sich mit ihr zu vereinigen, richtet sich der Termitenbau auf und versperrt ihm den Eingang zum Ameisenhügel. Er zeigt seine Männlichkeit, wie es heißt. Aber der Gott ist allmächtig, schlägt den Termitenbau ab und vereinigt sich mit der so beschnittenen Erde. Seitdem gibt es die Exzision, die Beschneidung des weiblichen Genitales, behauptet der Mythos. Es ist das Abschneiden der als männlich vorgestellten Klitoris. Dadurch wird das weibliche Geschlecht eindeutig gemacht. Ergänzt wird diese Zurichtung noch durch die später eingeführte, bei Juden und Moslems mit der gleichen Intention verbreitete Sitte, die Vorhaut als weiblichen Teil des Penis abzuschneiden. Auch das männliche Geschlecht muß eindeutig sein, damit eine geordnete Reproduktion der Gesellschaft gewährleistet ist. «Die Unbeschnittenen«, behaupten die Dogon, »denken nur an Unordnung und Unfug«.

Konsequent wird die Klitoris des Mädchens als männliches Hindernis verstanden, mit dem die Frau niemals zeugen könnte. Diese barbarische Sitte, den Frauen das Nervenzentrum sexueller Empfindungen abzuschneiden und sie damit zum Opfer und zur Basis einer zerstörerischen Ökonomie zu machen, ist heute noch in einem großen Teil afrikanischer und arabischer Länder von Lybien bis Moçambique und Ägypten bis Guinea weit verbreitet. Es ist die Liquidation der Lust, auf der die Reproduktion dieser Gesellschaften aufbaut. Auf dieser Basis entwickeln die Dogon ihre Gesellschaftstheorie und -praxis, indem sie behaupten, daß die ersten Kinder und Tiere keine Beziehungen zueinander hatten; erst nachdem man beschnitt und exzisierte, soll es Beziehungen unter den Menschen gegeben haben. Damit ist die Beschneidung und Exzision die Basis, auf der die Menschen zur Gesellschaft zusammentreten.

Aber zurück zu Uccellos *San Giorgio e il drago*, wo, wie ich meine, über die triebzurichtenden ökonomischen Grundlagen unserer Zivilisation hinaus, auch deren Humanisierung gefordert wird, indem das Bild an die uneingelöste Versöhnung von Mensch und Natur mahnt. Was zunächst auffällt ist, daß Giorgio kaum älter als 10 Jahre zu sein scheint, das »Mädchen«, das er vom Drachen befreit, viel älter, möglicherweise seine Mutter sein könnte. Darüber hinaus ist sie ganz offensichtlich nicht von dem Drachen bedroht. Das sieht man schon an der schlaff durchhängenden Leine, an der sie ihn hält. Sie ist also mit ihm verbunden. Auf den ersten Blick würde man also denken: Ah, da ist ja unser Ödipus, wie er gerade seinen Vater erschlägt. Als Drache muß er ihm schon erscheinen, denn er steht ihm ja im Wege, wenn er sich der Mutter bemächtigen will. In der Tat versperrt er ihm den Zugang zur Höhle unter dem Venusberg. Die Weggabelung, an der Ödipus Laios im Mythos erschlug, kann als Schamdreieck der Mutter oder Ypsilon gedeutet werden, jener Stelle, wo Ödipus in der Tat Laios verdrängte, als er sich der Mutter bemächtigte. Das Symbol taucht in Graffiti, und zwar in seiner unmißverständlichen Bedeutung, immer wieder auf.

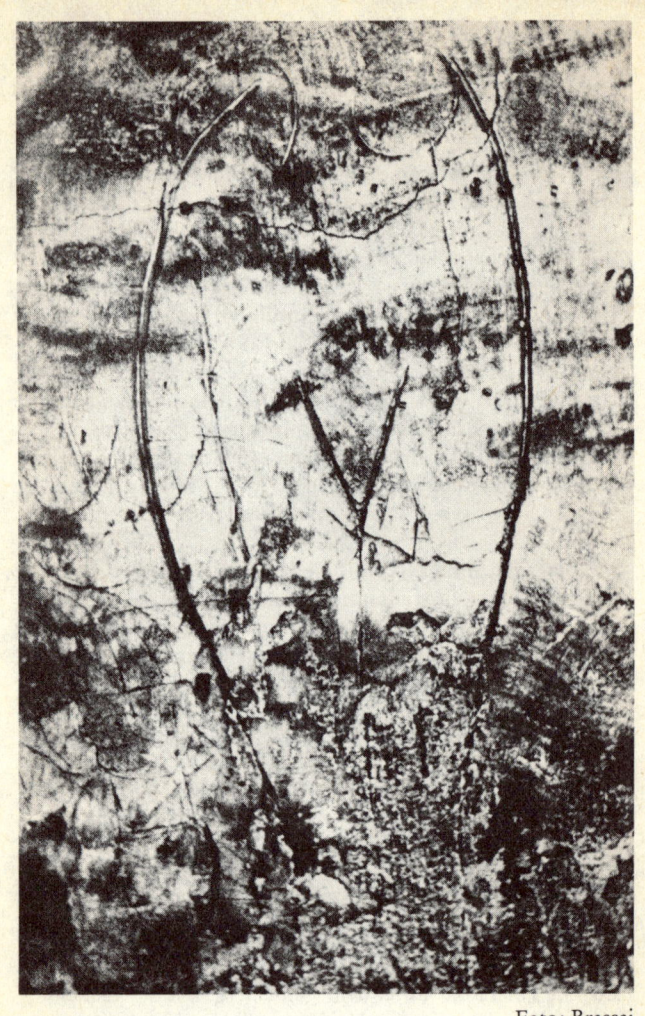

O dreigespaltne Straße, stilles Tal
Im Wald, o enge Schlucht am Scheideweg.
Sophokles, *Ödipus Tyrannos*

Das Band, an dem die Mutter den Vater, der als Kastrator hier zum Drachen wird, hält, könnte das nicht das Eheband sein? Eine derartige Interpretation würde uns jedenfalls von der Psychoanalyse aufgedrängt werden, und in der Tat mag das eine Schicht der im Bilde transportierten Mitteilungen sein. Bei näherem Hinsehen fallen aber eine Reihe von symbolischen Mitteilungen auf, die auch noch eine weit darüber hinausgehende Interpretation zulassen.

Zunächst einmal könnte die Leine, an der die Mutter den Drachen hält, auch auf Identität verweisen, der Drache vielleicht eine andere Gestalt der Mutter sein, wie die Sphinx eine andere Gestalt der Iokaste ist. Da das ganze Bild eine Aktion darstellt, einen Prozeß, und die einzelnen Etappen im Bild nur gleichzeitig dargestellt werden können, wäre doch denkbar, daß »Ödipus« im Drachen die Sphinx erschlägt, um sich dann der Mutter zu bemächtigen. Auf eine heilige Hochzeit weist das Bild ohnehin. Giorgio sitzt auf einem weißen Pferd, das als weibliches Todessymbol und Hochzeitssymbol die dargestellte Aktion, nämlich die Tötung des Drachen, also die bedrohliche, chaotische Natur unter gesellschaftliche Kontrolle, d. h. in die Gewalt des Mannes zu bekommen, hier schon vorwegnimmt. Giorgio, dem Siegbringer, ist der Sieg sicher. Hier wird chaotisches Weibliches zur produktiven Frau gemacht. Seine Absicht wird durch die Lanze, die er ins linke Auge des Drachen bohrt, überdeutlich. Die Lanze, das Phallussymbol par exellence, also der Penis wird in die Pupille des Drachen gebohrt. Pupilla bedeutet im Lateinischen Mädchen, wie auch Kore im Griechischen zugleich Mädchen und Auge heißt. Dazu kommt die Verdoppelung, denn es ist das linke Auge, jene Seite, die immer böse, gefährlich, weiblich ist und die der vom Manne unterworfenen Natur zukommt. Sinister sind die Mächte der Unterwelt, vor deren Aufstand man sich fürchtet, wie auch die soziale Opposition gegen die herrschenden destruktiven Produktionsverhältnisse allgemein als Linke bezeichnet wird.

Das verkehrt plötzlich die Situation. Nicht der Drache droht das Mädchen zu verschlingen, sondern er ist selbst das Mädchen, vor dem Giorgio Angst hat verschlungen zu werden, was seine Tötungsabsicht rechtfertigt. Er tötet es und macht es damit zur Frau, die schon dahinter steht und

Salvador Dali, *Sphinx*, Museum Boymans van Beuningen, Rotterdam

durch die Leine die Verbindung beider Figuren andeutet. Ja, wir können noch einen Schritt weiter gehen: Der Drache vertritt vermutlich Mädchen und Mutter zugleich. Der Sturz der Sphinx ist zugleich auch eine Bemächtigung der Mutter. Und denken wir an die Sitte vorehelicher Tempelprostitution, die Orgie vor der Hochzeit, als Bestandteil eines Einweihungsrituals, Tod des Mädchens und seine Auferstehung als Frau, haben wir jetzt eine Reihe von Elementen, die uns die Bewältigung des Ödipuskomplexes, d. h. die Liquidierung der Inzestwünsche, als soziale Leistung vorführen. Daß der Drache — wir müssen wohl jetzt sagen die Drachin — im Todeskampf noch einmal das Maul aufreißt und die gefährlichen Zähne zeigt, also mit der symbolisierten Vagina dentata noch einmal die Kastrationsdrohung real ausspricht, rechtfertigt einmal mehr das Unternehmen Giorgios.

Am allerschlimmsten ist es nach meiner Erfahrung, von Fellatio durch die Mutter zu träumen; denn es bedeutet für den Träumer Tod der Kinder, Verlust des Vermögens und schwere Krankheit. Ich kenne einen, der auf diesen Traum hin seine Scham verlor; es war ja auch verständlich, daß er an dem Körperteil gezüchtigt wurde, mit dem er sich vergangen hatte.

Artemidor

Der Mund, nicht nur in *Deep Throat*, Vaginaersatz, die rot bemalten Lippen, als Vertretung des ehemals ebenfalls bemalten Geschlechtsteils, das Lecken der Zunge, wie wenn die Diva mit der Zunge über die Lippen streicht oder überhaupt das Andeuten des verbotenen Geschlechtsakts durch Hin-und-Herbewegen der Zunge, das alles kommt zum Ausdruck im mit heraushängender Zunge aufgerissenen Maul der Drachin, die von dem jungen Ödipus Giorgio gerade geopfert wird. Diesem von Uccello nun als Kampf dargestellten aggressiven Sexualverkehr — die Griechen drückten den Geschlechtsakt mit Metaphern wie Krieg und Bettkampf aus — begegnet die Frau des jungen Ödipus, die wie alle Frauen noch ein Stück eigene Mutter verkörpert, mit einer schwachen Geste des Bedauerns, indem sie die linke Hand etwas anhebt, als wollte sie das Bedauerliche aber offenbar unumgängliche dieses Rituals damit ausdrücken.

Der Kampf spielt sich vor einer den Uterus vertretenden Höhle ab, die als Hinweis darauf gelten kann, daß der Uterus nun seiner ökonomischen Funktion unterworfen werden soll. Sie ist zugleich das Grab eines auf Tod und künstlicher Wiedergeburt aufbauenden gesellschaftlichen Lebens. Nicht der Vater steht also Streikposten vor dieser Fabrik, sondern die Inzestwünsche von Ödipus und sein Triebziel selbst. Das ist der Drache, den es zu besiegen gilt. Mit seinem Tod beginnt das, was dann als gesellschaftliches Leben bezeichnet wird. Daß Giorgio tatsächlich Ordnung in das Chaos der Natur bringt, zeigt der planmäßig angelegte Garten, auf dessen Wegen sich das Gemetzel abspielt.

Die sich spiralförmig verdichtenden Wolken auf der rechten Bildseite als Erscheinungen des Donnergottes oder heiligen Geistes zu deuten, als dessen Stellvertreter der junge Held agiert, ist zugleich Hinweis auf das im Mutterrecht bereits angelegte Vaterrecht, dem die Frauen insgesamt unterworfen werden. Bald werden die Wolken den bereits abnehmenden Mond verfinstern, der als Symbol mit dem Mutterrecht eng verbunden ist. Das Verhältnis der Söhne zu ihren Müttern, die Liebe, wenn man so will, die dann doch untersagt ist, läßt die Söhne nach Ersatzobjekten suchen, zu denen dann alle Frauen notwendigerweise gemacht werden. Sie sind aber eben nur Ersatz, wie auch die auf einem zweiten

Winigate Paine, *Sandra*, Mirror of Venus, New York, 1970

Gorgo, etruskischer Dachstein, Villa Giulia, Rom

Bild Uccellos schon im Hintergrund bereitstehenden Bräute zukünftiger Drachentötergenerationen andeuten.

Das Bild ist etwas größer als das erste und von Uccello einige Jahre später gemalt worden. Es heißt ebenfalls *San Giorgio e il drago* und hängt heute im Museum Jacquemart-André in Paris.

Hier hat die geordnete agrarische Produktion bereits fast das ganze Bild erfaßt, dessen größter Teil mit geometrisch angelegten braungelben Feldern bedeckt ist. Sie verlieren sich perspektivisch am Horizont hinter der diesmal riesengroß in den Bildvordergrund gerückten Felshöhle. Davor sieht man Giorgio wieder auf seinem weißen Pferd mit rotem Sattel und Zaumzeug von rechts ins Bild einreiten. Bezugnehmend auf die Kreuzrittersaga, trägt er über der Ritterrüstung auf dem Rücken einen latzartigen Umhang mit dem Kreuz der Kreuzfahrer. Er stößt dem in der Bildmitte von links nach rechts aufrecht auf ihn zuschnaubenden, zweibeinigen, grünen Drachen seine Lanze durch das rote, aufgerissene, mit Reißzähnen besetzte Maul, in den Hals. Das zu befreiende Mädchen steht als Frau im Vordergrund auf der linken Bildseite hinter dem Drachen. Sie sieht das Ganze mit an, die Hände wie zum Gebet zusammengelegt, gleichsam wie eine Madonna in langem, rotem, wallendem, mit orientalischen Ornamenten verziertem Kleid. Den Drachen hält sie nicht mehr wie in dem ersten Bild an einer Leine; er wirkt in der Tat gefährlich. Unmittelbar hinter Giorgio und dem Drachen in der rechten Bildmitte befindet sich die riesige, wieder etwas künstlich wirkende Felshöhle, in deren Innerem man durch die Öffnung ein grünes, teppichartiges Lager sieht. Auf der linken Bildseite, hinter der Madonna oder Frau, führt ein breiter Weg, an den Feldern entlang, zu einem großen offenen Tor in einer mittelalterlichen Stadtmauer mit Zinnen, über die die Silhouette vielleicht auch einer orientalischen Stadt zu sehen ist. Auf dem Weg, noch vor dem Stadttor, stehen drei Frauen mit halb erhobenen Händen, wie Marienfiguren.

Ich will jetzt nicht auf den deutlichen Kreuzfahreraspekt des Bildes, die Befreiung des heiligen Grabes etc. eingehen, sondern nur auf die darin zum Ausdruck kommenden Reproduktionsverhältnisse, die es mit dem Ödipusmythos

110

verbinden, wiewohl beides auch miteinander in Beziehung steht. Giorgio besiegt den Drachen, der einer geordneten Ökonomie im Wege steht, nämlich die Höhle versperrt, die als sexuelle Produktionsstätte — das Lager weist darauf hin — für geordnete, nicht nur agrarische Reproduktion unverzichtbar ist. Wie der Name sagt — Geos ist die Erde —, macht Georg sich die Erde untertan, mit den Frauen auch ihre Substitute.

Auf den ersten Blick könnte der Drache auch mit dem homosexuellen Laios verglichen werden, der sich denselben Gesetzen entzog, gewissermaßen sphinxhaft die Sphinx heraufbeschwor. Denn Mutterbindung und Kastrationsangst sind auch Momente der psychischen Ätiologie der Homosexualität, Ergebnis einer nicht gelungenen Verdrängung des Inzestbedürfnisses, das durch die Kastrationsangst gehindert, sich homosexuellen Triebzielen zuwendet. Wie Homosexualität noch heute als sphinxhafte, sich den Gesetzen der Reproduktion, nämlich der Zeugung von Kindern widersetzende Bedrohung der Gesellschaft angesehen wird, zeigt die Internierung und Tötung von Homosexuellen in den Konzentrationslagern der Nazis und auch der Kreuzzug der gottesfürchtigen Werbesängerin Anita Bryant gegen Homosexuelle in den USA. »Save our children«, ist die Parole, die die Homosexuellen zu »menschlichem Abschaum« und Kinderfressern erklärt und in Florida bereits wieder ein Gesetz für deren Diskriminierung durchgesetzt hat.

Ist die Frau die Mutter, die auf der linken Bildseite für den Sieg ihres Sohnes betet und darin auch ihre latenten Inzestwünsche zum Ausdruck bringt, wie jede Mutter, bleibt sie doch gleichsam unerreichbar Madonna. Ist sie jedoch die Frau, zu der das Mädchen im Ritual gemacht wird, drücken die betenden Hände die Dankbarkeit aus, nun endlich vollwertiges, produktives Gesellschaftsmitglied zu werden. Die Frauen im Hintergrund, die vor einem zweiten Höhleneingang, dem Stadttor mit der dahinter befindlichen Stadt stehen, verweisen auf die soziale Sublimierung der Inzestwünsche, für die die Stadt als Vertreterin der Mutter einsteht. Dieser sozialen Sublimierung verdankt sich das Kulturland, zu dem die Mutter Erde gemacht wurde ebenso, wie in noch verstärktem Maße die Stadt, die mit ihren Häusern gleichsam

Paolo Uccello, *San Giorgio e il Drago*, Musée Jacquemart-André, Paris

Höhlen, mit ihrem Luxus und der direkten Kommunikation der Bürger untereinander, eine phantastische Rückkehr in den Mutterleib imaginiert.

Der Drache steht jedoch nicht nur vor der Höhle, sondern auch vor der Mutter, auf die in Verlängerung die Lanze des jungen Ödipus ebenfalls zielt. Verböte er sich den Inzest mit der Mutter nicht, würde das Gesetz gesellschaftlicher Repro-

duktion ihn zwingen, ebenso wie Ödipus gezwungen war, nach dem stellvertretenden Ungeheuer nun auch die Mutter selbst zu töten. Nur als tote Mutter, als Materie, böte sie, wie Tiamat, eine sichere Grundlage für die unterm Gesetz des Inzesttabus geordnete Reproduktion. Darum hatte Ödipus auch vor, als nach langen Verdrängungsversuchen sein Inzest endlich auch von ihm selbst anerkannt wurde, seine Mutter, nun nicht mit der Lanze, sondern mit dem Schwert zu erstechen. Jedenfalls stürmte er mit dieser Absicht in den Palast. Da sich Iokaste aber bereits erhängt hatte, blieb ihm nur noch die symbolische Handlung, sich mit ihrer Kleiderspange die Augen auszustechen. Das ist nicht nur eine symbolische Selbstkastration, wie die Psychoanalyse diese Handlung deutet, sondern zugleich auch die Wiederholung seiner Tat, der Inzest und seine Überwindung, der Sturz der Sphinx. Sich die Augen auszustechen ist, wie dem Drachen die Augen auszustechen, das symbolische Zusammenfallen von Inzest und Tod. Indem er sich selbst der mit dem Sehen verbundenen Sinnlichkeit beraubt, ist er den Versuchungen auch nicht mehr ausgesetzt. Er wird zum Philosophen, den inneren, endlosen gestirnten Himmel über sich; so von Klaus Heinrich in bezug auf Gides *Theseus* interpretiert. Die Kleiderspangen, wie sie die verheirateten Frauen trugen, bestanden aus einer Nadel, die durch eine Öse geschoben wurde und so auf den produktiven Sinn der Ehe verwies. Sich die Nadel in die Pupille zu stechen, wie Ödipus, kommt diesem zweiten Sturz der Sphinx gleich.

Daß in der Tat zwischen dem Ödipus-Mythos und der Legende des heiligen Georg ganz enge Beziehungen bestehen, verrät eine in der *Legenda aurea* mitgeteilte Version der Georgssage, die Uccello bekannt gewesen sein dürfte. Theben heißt dort Silena und ist eine von einem Opfer fordernden, in einem See hausenden, giftigen Drachen bedrohte Stadt Lybiens. Nachdem die Bewohner bereits den größten Teil ihres Viehs geopfert hatten, gingen sie daran, ihre Söhne und Töchter dem Drachen zu überlassen. Als zuletzt die Tochter des Königs zum Drachensee geschickt wurde, begegnete ihr der heilige Georg, gerade noch rechtzeitig, um sie zu retten.

Er forderte die Jungfrau auf, ihren Gürtel um den Hals des Drachen zu legen. Das war scheinbar ein Zaubermittel, denn der Drache folgte ihr nun »zahm wie ein Hündchen« in die Stadt, wo Georg, nachdem sich die Bewohner zum Christentum bekannten, den Drachen mit seinem Schwert erschlug. Fällt zunächst das Kreuzzugsmotiv ins Auge: die Befreiung des heiligen Grabes, die Niederwerfung der Sarazenen, die Gründung des Königreichs Jerusalem als erstem Feudalstaat

– wahrscheinlich hatte Uccello in seiner zweiten Georgsdarstellung auch diese Legende im Sinn –, so weist die Sage auch darauf hin, daß die Reichsgründung aufs engste mit dem Hochzeitsritual als Naturunterwerfungsritual verknüpft ist. Denn zum Hochzeitsritual gehört das Gürtellösen. Der Hochzeitsgott Hymenaios hatte den Beinamen »der Gürtellösende« und der Sitz von Aphrodites Zauberreizen wird von Homer in ihren Gürtel verlegt. Als Keuschheitsgürtel sicherte er die Frau dem Eigentümer. Der Gürtelraub wurde direkt als Symbol sexueller Vergewaltigung angesehen, natürlich nicht durch den Ehemann, denn die war immer legal.

Wenn der Gürtel also symbolisch die gesellschaftliche Domestizierung des Triebs ausdrückt, ist es kein Wunder, daß der Drache, nachdem ihm die Königstochter ihren Gürtel um den Hals gelegt hatte, ihr zahm wie ein Hündchen folgte. Uccello hatte wohl auch diese Version bei seiner ersten Georgsdarstellung im Auge. Ist der Gürtel also jenes Instrument, in dem der Trieb gebändigt wird, der nun im Hochzeitsritual unter Beachtung des Inzesttabus und allerlei Ver- und Gebotsregeln vom Helden zum Wohle gesellschaftlicher Reproduktion gelöst werden darf, wie die Rätsel der Sphinx, so verstehen wir auch, wieso Iokaste nach Offenbarung ihres Vergehens, nämlich das fundamentalste Verbot gesellschaftlichen Zusammenlebens übertreten zu haben, sich an eben diesem Gürtel erhängte.

Würde also Giorgio seine Lanze in den Schlund der Drachin stoßen und sie damit töten, wie Ödipus die Sphinx stürzte, und ließ er sich dann doch mit seiner Mutter ein, wie Ödipus, so würde er Beihilfe zur Auferstehung des Ungeheuers leisten. Das ist die Pest des ungebändigten Trieblebens, der dann die geordnete Fruchtbarkeit der Felder zum Opfer fällt. Das wird im Ödipusmythos dargestellt. Jedoch diese Ambivalenz von Inzestwunsch und dem Kampf gegen dieses Ungeheuer, liegt im Mutter-Sohn-Verhältnis begründet. Die unterdrückten und verdrängten Inzestwünsche nicht restlos sublimieren, d. h. auf andere Triebobjekte übertragen zu können, ist das Schicksal der ödipalen Gesellschaft und zugleich Triebgrund ihres Fortschritts. Das nicht realisierbare Liebesverhältnis der Mütter zu ihren Söhnen überträgt ihnen schon in der mutterrechtlichen Gesellschaft die Verfü-

Lucas Cranach d. Ä., *Venus und Amor als Honigdieb*, Germanisches Nationalmuseum, Nürnberg

gungsgewalt über das Eigentum der erbenden Schwestern, gewissermaßen als Ersatz; im Mythos: Kreon als Vorgänger des Ödipus. Das ist ein Grundstein des Vaterrechts im Mutterrecht.

Das Mutterrecht als eine gesellschaftliche Organisationsform zu begreifen, in der besonders die Frauen nicht einschränkenden ökonomischen Reproduktionsgesetzen unterworfen sind, entspricht jener fausse reconnaissance, die uns auch von der glücklichen Kindheit träumen läßt, jenem lost paradise, das es in Wahrheit nie gegeben hat. Was da erinnert wird, sind Träume und Wünsche nach Glück, die wir ja auch schon in der Kindheit hatten, die aber nicht historische Realität geworden sind. Daß sie jedoch insofern realistisch sind, als sie den Realismus der Phantasie ausmachen und damit die Hoffnung auf eine dereinst von Zerstörung, Unterdrückung und Leiden befreite Gesellschaft ausdrücken, ist ihr historisches Recht.

Ödipus, der gebannt auf die Vagina der Mutter starrt, wo er herkam und wohin er wieder zurückkehrt, wie Ödipus, der im heiligen Hain in einer Erdspalte verschwand — was sonst als das Geschlechtsteil der Mutter könnte hier gemeint sein —, diesem Ödipus ist das Streben nach Vereinigung mit der Mutter Antrieb, sich die Welt an ihrer Stelle zu unterwerfen. Gebannt von der Vagina dentata, das Jugendbild der Mutter darin eingeschlossen, wie die Venus von Botticelli oder die Maria von Guadalupe, bleibt er der nie erwachsen werdende Sohn, der phallische Held — Ödipus heißt Schwellfuß, also Penis —, der zerrissen von dem Widerspruch zwischen seinen Inzestwünschen und dem Verzicht darauf aus Furcht dann doch kastriert zu werden, sich wütend alle Frauen als Ersatzobjekte unterwirft und schließlich auch deren Substitute. Er wird Patriarch, ein Deckname für den alternden Jungen. Der Vater ist in dieser Konstellation eine Kunstfigur, die auszufüllen erst mit seinem Verschwinden gelingen dürfte. Diese, für das Heldenleben wie für das eines jeden Führers, konstitutive Bindung an die Mutter, wird uns im *Coriolan* vorgeführt, dessen Herrschaft in dem Augenblick zusammenbrach, als ihm die Mutter ihre Gunst entzog. Noch der Wille zur Macht ist diesen verdrängten Inzestwünschen verhaftet.

Es ist das Heldenleben, das einsam macht, wie den alternden Casanova, den Fellini uns in seinem Film als jenen alternden, nie erwachsen werdenden Ödipus vorstellt. Sein automatischer Penis, den er als Vogel — im Italienischen ein Synonym — in einem Kasten immer mit sich herumschleppt, bürgt für seine Leistungsfähigkeit. Es ist die Leistungsfähig-

José Guadalupe Posada, *A Nuestra Señora de Guadalupe*

keit unter dem Primat des Phallus. Als Kastrierter — der seinen Penis im Kasten mit sich schleppt — und als Kastrierender, nämlich Leben zugunsten phallisch-sexueller Leistung kastrierender Held, wird uns Casanova vorgeführt. Sein Ziel findet dieser Automat schließlich im Liebesabenteuer mit einer Olympia, einer Puppe, zu der er im Grunde jede Frau macht. Mit dieser Puppe träumt er sich in der Schlußszene des Films an jene Stelle am Canale Grande Venedigs, an der zu Beginn des Films die phantastische, monumentale Muttergöttin Venusia während des Karnevals versank. Damit nahm das Schicksal dieses Ödipus seinen Lauf, indem er auf der Suche nach der Mutter durch und über alle Frauen stieg. Während er in diesem schließlich resignierenden Traum mit der Puppe am Canale Grande steht, fahren seine Mutter und der Papst aus einer Kutsche winkend vorbei. Die Mutter, der Sohn, der lächerliche Vater, zu dem der Sohn dann schließlich selber wird, das entspricht der Konstellation reglementierten Trieblebens, das unversöhnt den zerstörerischen Fortbestand der Gesellschaft garantiert. Fellini sieht darin auch die Grundlagen des Faschismus.

Deutlicher noch hat diesen Aspekt unterdrückten, unterdrückenden Trieblebens, jetzt nicht des Helden, sondern in der Brüderhorde — unter der stellvertretenden Führung der Mutter, die mit ihrem Schicksal einverstanden, für das Fortbestehen der nicht nur sie selbst zerstörenden Unterdrückung eintritt — Manuel Gutiérrez Aragón in seinem Film *Camada Negra* (Schwarze Brut) dargestellt. Es ist ein Film über faschistisches Gruppenleben im heutigen Spanien. Die Söhne, die Pfadfindern gleich, durch allerlei Kulthandlungen wie symbolische Selbstkastration, Blutopfer etc. eingeschworen werden, leben zusammen mit ihrer Mutter — der Vater wird als seniler, geiler Greis dargestellt — in einem alten Veterinärinstitut, in dem Tierversuche angestellt werden. Gewissermaßen als eingesperrter Trieb, leben die Tiere in Käfigen. Das wird deutlich, als sie einmal freigelassen, über die Mutter herfallen. Dazu kommt ein ganzer Katalog faschistischer Rituale, vom Gruß bis zum sportlichen Fitnesstraining. Der jüngste Sohn, dem, gleich Ödipus, die ganze Liebe der Mutter gilt, entwickelt sich auch zu einem wahrhaften Helden. Zu Beginn des Films vergewaltigt er eine linke Buchhändlerin, deren Buchhandlung zuvor von seinen Brüdern überfallen und zerstört wurde. Und gegen Ende des Films tötet er eine als Prostituierte dargestellte Frau, zu der er gerade außerhalb seiner faschistischen Brüderhorde ein Verhältnis hat. Hier schießen die ganzen Elemente der Ödipussituation zusammen: als gehemmter und sadistisch gewendeter Trieb der Brüderhorde gegenüber der Mutter, die auch für den Faschismus eine fundamentale Rolle spielen. »Die deutsche Mutter! Sie ist die Wahrerin eines Familienlebens, aus dem die Kräfte sprießen … sie ist die alleinige Trägerin des deutschen Volksgedankens«, schrieben die Nazis 1933 im *Angriff.* Es ist die Funktionalisierung der Sexualität der Frau, die entweder Mutter — also Madonna oder Gebärmaschine — oder Prostituierte zu sein hat. Sie ist den Männern nicht gleichberechtigt, sondern Idol und darin Opfer. Als hybride Steigerung des längst herrschenden ökonomischen Opferkults und als zwanghafte Rückführung auf seine archaischen Wurzeln, hat der Faschismus Millionen Menschen auf dem völkischen Altar geopfert. Es waren Opfer jenes zerstörerischen Mutter-Sohn-Verhältnisses, das als Grundlage auch des Faschismus nicht hoch genug eingeschätzt werden kann.

In seiner Hitler-Biographie hat der amerikanische Historiker Toland auf das starke emotionale Verhältnis von Adolf Hitler zu seiner Mutter hingewiesen: ein Ödipus, der für Krebserkrankung, Leiden und Tod seiner Mutter ihren jüdischen Arzt verantwortlich machte. Mit ihrem Tod entwickelte sich erst sein exzessiver Antisemitismus, der — von ihm selbst einmal als Privatsache erklärt — universalisierend die vermeintliche Schuld des Arztes auf alle Juden übertrug und das deutsche Volk für die Mutter vom »jüdischen Krebsgeschwür« heilen wollte. In der eigenen Struktur vom Ambivalenzkonflikt des Inzesttabu und -wunsches beherrscht, trat das Volk als Ersatz an die Stelle der Mutter und erkannte in seiner Mehrheit im archaischen Verhältnis des Führers zu seinem Volk, als Stellvertreter der Mutter, die Wiederkehr eigener verdrängter Wünsche, die, nun deformiert, verzerrt und aggressiv gewendet, tödlich waren. Nicht in der magischen Kraft des Volksverführers, sondern in der von diesem Ambivalenzkonflikt beherrschten, ödipalen Gesellschaft selbst steckt das Geheimnis der Massenbasis des faschistischen Ödipus.

Ein Stück Zivilisationsgeschichte als Opfergeschichte, und zwar weiblicher Opfer, zeigt auch Botticelli im *Gastmahl des Nastagio degli Onesti,* des wie seine Vorfahren ehrbaren Nastagio, einem Bild, das heute im Prado in Madrid hängt;

eigentlich eine vierteilige Bilderfolge, die von Botticelli im Auftrag von Lorenzo il Magnifico für die Hochzeit des Giannozzo Pucci mit Lucrezia Bini im Jahre 1483 gemalt wurde. Es stellt das Opferverhältnis dar, auf dem die sozialen sexuellen Beziehungen aufbauen. Der Gegenstand ist die Novelle von Nastagio degli Onesti aus Boccaccios *Decamerone*. Nastagio, von der Tochter des Paolo Traversari als Freier abgewiesen, irrt durch einen Pinienhain bei Ravenna, als ihm eine Frau entgegenläuft, die von einem Reiter, oder besser Ritter, und seinen Hunden verfolgt wird. Sie wird von den Hunden angegriffen und zu seinem Schrecken sieht Nastagio, wie der Ritter der am Boden liegenden Frau das Herz aus der Brust reißt und seinen Hunden zum Fraß vorwirft. Gleich darauf steht die Frau jedoch wieder auf und das Ganze wiederholt sich. Der Ritter gibt sich schließlich als Nastagios Urahn Guido zu erkennen, der einmal, von einer Frau abgewiesen, Selbstmord beging. Der Zwang, nun ständig wiederholen zu müssen, was er damals versäumt hatte, nämlich sich die Frau zu unterwerfen, und so zu beweisen, daß sie sich ihm zu unterwerfen hat, soll als Strafe zu verstehen sein; vielleicht, weil er das gesellschaftliche Opferverhältnis verkehrt und damit den gesellschaftlichen Zusammenhalt aufs äußerste gefährdet hat. Nastagio lädt daraufhin die Traversari an die gleiche Stelle im Pinienhain zu einem Bankett ein, in der Hoffnung, daß nun alle die Erscheinung sehen werden. Tatsächlich wiederholt sich die Geschichte vor aller Augen, worauf die Tochter Paolo Traversaris einwilligt, Nastagio zu heiraten.

Auf dem dritten Bild dieser Folge sehen wir dies Bankett im Pinienhain: zwei Tische stehen in rechtem Winkel zueinander, dahinter ein Paravant vor den Bäumen des Hains, ganz im Hintergrund, eine Bucht, wahrscheinlich der Adria, mit Segelschiffen. Die Familienwappen der Bini und Pucci und der Medici, die wahrscheinlich diese Familienpolitik betreiben, um ihre Herrschaft zu stabilisieren; die Wappen sind an Pinien unmittelbar hinter dem Paravent befestigt. Rechts im Pinienhain Zelte und Diener der Gesellschaft. Von rechts stürmt ein Ritter auf einem weißen Pferd, mit erhobenem Schwert, ins Bild. In der Mitte vor den Tischen sieht man, wie eine fliehende, nackte, rothaarige Frau von zwei Hunden des

Sandro Botticelli, *Das Gastmahl des Nastagio degli Onesti*, Prado, Madrid

Ritters in die Oberschenkel gebissen wird und im Begriff ist,
zu Boden zu stürzen. Alles springt auf. Besonders erschreckt
sind die links sitzenden Frauen. Ihr Tisch stürzt um und
Gefäße und Speisen fallen auf den Boden. Ganz im Vordergrund, mit dem Rücken zum Betrachter und das Gesicht den
Frauen zugewandt, bedeutet Nastagio ihnen mit erhobenen
Armen, das Ganze als Warnung zu verstehen. Jeder Wider-

stand wäre zwecklos, wollen sie nicht das gleiche Schicksal
erleiden, wie die real geopferte Frau. Die Zivilisation bricht
sich Bahn in die Natur. Die Baumstümpfe im Vordergrund
sprechen für die Bresche, die da geschlagen wird. Das wird
auch deutlich durch die vom Ritter ausgehende Dynamik des
Bildes; eine Bewegung von rechts nach links, vom Jäger zur
Gejagten. Das Opfer sucht Hilfe bei den aufspringenden

Frauen, die aber — starr vor Schreck — sich mit der Frau nicht solidarisieren. Damit ist auch ihr Schicksal gewiß, der Geschlechterkampf bereits entschieden. Die längst vollzogene Tatsache der Unterwerfung der Frauen wird allerdings schon durch den auf einem weißen Pferd reitenden Ritter verkündet. Mit seinem erhobenen Schwert verkörpert er den Frauen und Natur erobernden phallischen Helden: ein Inbegriff der Ritterlichkeit. Die Weigerung der Frau, sich der gesellschaftlichen Ökonomie zu unterwerfen, macht sie real zum Opfer. Sie ist eine Hexe und damit immer schon Objekt der Verfolgung.

> Wenn er im Traum Menschenfleisch ißt — er wird große Reichtümer bekommen. *Babylonisch-assyrisches Traumbuch*

Noch die Kelten haben rothaarige Frauen geopfert. Als Verkörperung des scheinbar ungebändigten Triebs — auch die rote Haarfärbung bei Prostituierten spielt darauf an —, war ihr Opfer Grundlage zivilisierten Lebens. Erst die Römer haben diesen Kult unterdrückt. Auch die Mayas haben u. a. junge Mädchen geopfert, um ihre Ökonomie zu stabilisieren, von südostasiatischen Inseln ist dieser Kult bekannt, und es ist zu vermuten, daß auch zu den agrarischen Riten des wahrscheinlich aus Ägypten stammenden Demeterkults einmal das reale Opfer junger Mädchen gehörte; ihr Tod, Opfer nicht vergesellschafteter Natur, verkörperte zugleich den tabuierten Inzest, die Verdrängung und Unterdrückung einer totalen Lustvorstellung — objektiviert in den gerade geschlechtsreifen, aber noch nicht sozialer Reproduktion unterworfenen jungen Mädchen —, auf deren Opfer die Ökonomie der Gesellschaft aufbaut. Das ist der Sturz der Sphinx. Daß Ödipus sich dann doch über das Tabu hinwegsetzte, und zwar unbewußt, entspricht zugleich jenem unbewußt fortlebenden Inzestwunsch, der schicksalhaft die Gesellschaft zu immer neuen Verdrängungsleistungen herausfordert.

Der Mythos von Persephone, die, analog Tod und Auferstehung der Vegetation, sterben mußte, aber aus der Unterwelt wiederkehren durfte, spricht für die Annahme, daß die Opfer junger Mädchen einmal durch Ferkel ersetzt wurden. Persephone heißt Ferkeltöterin, und in der Tat wurden für sie — gewissermaßen als Stellvertreter — im Demeterkult für

124

das Gedeihen der Saat Ferkel geschlachtet und ihr Blut auf die Felder verspritzt. An die Stelle der realen weiblichen Opfer trat das Schwein als Ersatzopfer und eröffnete damit den Fortschritt von Ersatzopfer zu Ersatzopfer, durch den die Geschichte unserer Zivilisation gekennzeichnet ist. Alle Produkte der Ernährung unserer Gesellschaft gehen auf derartige Ersatzopfer zurück.

Den schweineopfernden Demeterkult mit dem Ödipus-mythos in Verbindung zu bringen ist im gleichen Zurichtungsritual und durch den Mythos begründet. Als Gründerinnen Thebens werden in den »Phönissen« des Euripides neben Kadmos auch Demeter und Kore angerufen. Das Drachen- oder Schlangentöten des Kadmos — eine Tat, die Ödipus im Sphinxsturz wiederholt — steht ein für ein Zurichtungsritual, das auch durch den Tod des jungen Mädchens im Demeterkult zum Ausdruck kommt. Kore, das junge Mädchen, das als »Auge« Symbol der Vagina dentata ist, wie der Drache, muß sterben, damit das gesellschaftliche Leben weitergehen kann. Durch ihren Tod erst gedeiht die Saat im Schoß der zur Mutter gemachten Erde. Als Persephone darf sie wiederkehren und Schweine treten an ihre Stelle. Das chinesische Schriftzeichen für Hochzeit ist: Frau und Schwein unter einem Dach. Schweine wurden noch in den altägyptischen Gesellschaften gezüchtet und geopfert, wenngleich schon mit dem Geruch unreiner Sexualität behaftet. Die Schweinehirten durften z. B. die Tempel nicht mehr betreten, eine Tendenz, die in der jüdischen Religion und im Islam schließlich auch zum Verbot des Schweinefleischgenusses führte. Die Assoziation des Schweins mit der unreinen, verbotenen, nicht reproduktiven Sexualität kommt auch in unserer Gesellschaft noch darin zum Ausdruck, Unzucht als Schweinerei zu bezeichnen; überhaupt Menschen durch die Anrede Schwein aus der Gesellschaft auszustoßen. Ein Schweinehund ist, wer die gesellschaftlichen Gesetze nicht befolgt. Den Schweinehund in seinem Inneren und als seinen Feind zu erschlagen, ist die Aufgabe des Soldaten, des Helden in Miniaturausgabe.

Schweine und Hunde sind die ältesten bekannten Stellvertreter realer weiblicher Opfer; sie wurden für Opferfeste gezüchtet und waren so Grundlage einer planmäßigen Re-

produktion der Gesellschaft. Im vorgeschichtlichen Griechenland gab es Hundeopfer und die damit verbundene Sitte,
Hundefleisch zu essen, ebenso in Afrika. In Ostasien gibt es
bekanntlich noch heute Hunderestaurants und die, ähnlich
den europäischen Schweinen, nackten Zuchthunde der Az-
teken, wurden erst von den spanischen Eroberern durch
Schweine und Rinder ersetzt: als Akt der Christianisierung,
dem auch das germanische Pferdeopfer und die Sitte, Pfer-
defleisch zu essen, zum Opfer gefallen ist.

Ein eindrucksvolles Beispiel des Zivilisierungsprozesses,
der Verwandlung von Natur in Kultur, als Opfersubstitu-
tionsprozeß, veranschaulicht der Mythos von Apollo und
Daphne, die als Bergnymphe und Priesterin der Mutter Erde
von Apollo in vermutlich sexueller Absicht verfolgt wurde.
In ihrer Verzweiflung rief sie die Mutter Erde an, die sie
rettend in einen Lorbeerbaum verwandelte. Das wird in der
berühmten Plastik von Bernini dargestellt, die heute in der
Galleria Borghese in Rom steht. Ranke-Graves deutet das
zunächst als Eroberung und Unterwerfung der mutterrechtlichen Urbevölkerung Griechenlands durch die Hellenen,
d. h. jene patriarchalen Stämme, die aus dem Norden in das
Land eingefallen sind. Denn in Tempe gab es einen Kult der
Göttin Daphoine, zu dem auch eine Versammlung orgiasti-
scher, lorbeerkauender Mainaden gehörte. Apollo, d. h. sein
Kult, übernahm den Lorbeer, den dann seine Priesterin
Pythia kauen durfte. Er selbst wand sich jenen Lorbeerkranz,
der noch heute Helden und Siegern von Kriegen und
Wettkämpfen zukommt. Da der Lorbeer aber zu einem Kult
der Mutter Erde gehörte, ist anzunehmen, daß auch er ein
Kulturprodukt ist, das sich schon einem Opfersubstitutions-
prozeß verdankt, also dem Verzicht auf den sexuellen
Verkehr mit der Mutter — hier vertreten in einer Priesterin
der Mutter Erde. Vielleicht hat Apollo nicht nur seine
Bedürfnisse zugunsten des Kulturprodukts, sondern die
Priesterin und ihre Triebwünsche, als Vertreterin auch seiner
Triebziele, gleich mitgeopfert.

Der Prozeß der Substitution, von Ersatzopfer zu Ersatzopfer fortschreitend, bildet den Reichtum unserer Zivilisation; nicht nur an Speisen, überhaupt die ganze Kultur
verdankt sich diesem Verfahren, das eben deswegen niemals

Gianlorenzo Bernini, *Apollo und Daphne*, Villa Borghese, Rom

befriedigen kann, weil die zu befriedigenden Triebwünsche im Ersatz nicht aufgehen. Andererseits wird das Verdrängte als Qualität im Ersatz erst erfahrbar. Es ist ein Teil von ihm, wenngleich die Teile in der Opferkultur sich auch prinzipiell nie zur Totalität eines restlos befriedigenden Lebens ergänzen können. Davor steht das Moment von Verdrängung und Unterdrückung, das bislang auch jeden Ersatz begleitet. Ebensowenig wie der damit verbundene Akkumulationsprozeß jemals endlich in ein Paradies befriedeten und befriedigenden Lebens münden kann, können Quantitäten, nämlich die Summe der Ersatzopfer, unter diesen Voraussetzungen in die Qualität eines mit der Natur versöhnten Lebens umschlagen.

Als Ersatz kommt in den vergesellschafteten Tieren die gleiche Ambivalenz zum Ausdruck, wie in dem ursprünglichen Opfer. Sie sind, wenngleich sublimiert, noch ein Teil nicht unterworfener Natur. Wenn die beiden Hunde in Botticellis Nastagio degli Onesti als dienstbar gemachte Natur, ähnlich dem Medusenhaupt auf dem Schild der Athene, dem Fortschritt der Naturbeherrschung dienen, sind sie zugleich doch gefährlich, gewissermaßen Höllenhunde, weil in ihnen, wenn auch deformiert, Natur fortlebt; auch sie könnten ihren Herren beißen oder kastrieren, wie die zwar unterworfenen, aber immer noch mit gefürchteter Kastrationsmacht ausgerüsteten Frauen. Die fortbestehenden Kastrationsängste der Männer sprechen dafür.

Dem antiken Traumdeuter Artemidor bedeuteten Hunde noch Gattin, Häuslichkeit und Vermögen, waren also Sinnbilder gesicherter Ökonomie und Naturbeherrschung. Der modernen Traumdeutung sind sie dagegen Vertreter schamloser Sexualität und aller »tierischen« Leidenschaften, ebenso wie Schweine Ausdruck der gefürchteten Wiederkehr des verdrängten Triebs sind. Das macht die ständige Wiederholung von Opfer- und Unterwerfungsaktionen, wie in der Novelle des Nastagio degli Onesti notwendig. Immer wieder steht die Frau auf und immer wieder muß ihr der Ritter das Herz herausreißen. Ähnlich Hippomenes Wettlauf mit Atalanta, stellt diese Aktion die Sozialisation der Frau und der Natur dar. Aber der Wettlauf, wie Konkurrenz- und Tauschverhältnisse überhaupt, bauen bereits auf dem Opfer auf. Sie nehmen den Ausgang des Geschlechterkampfes schon vorweg, da sie eben diesen Zwecken dienende, soziale Einrichtungen des entwickelten Gemeinwesens sind.

Opfer- und Tauschverhältnisse, wie Konkurrenz und Wettbewerb, gehen in Naturunterwerfungsritualen als ökonomischer Grundlage unserer Gesellschaft allein nicht auf, wiewohl die Herrschaft über die Natur und die damit verbundenen Opfer immer noch Grundlage jeder Ökonomie sind. Wir wissen, daß Ödipus, bevor er die Sphinx stürzte und damit Theben und seine Mutter gewann, seinen Vater Laios erschlug. Der Kampf zwischen Vater und Sohn entspricht also einer Weiterführung und Stabilisierung der Herrschaft über die Natur, mit der der Vater, indem er sich die Mutter als Frau unterworfen hat, zugleich im Bunde ist. Tyrannen verkörpern auch immer zu ihren Teilen etwas Naturmacht oder geborgte Kastrationsmacht, wenn man so will, mit der sie die Herrschaft der Gesellschaft über die Natur garantieren. Ließ ihre Kraft nach oder erfüllten sie ihre Aufgaben nicht, wie Laios, wurden sie von ihrem Nachfolger aus dem Wege geräumt. Das kann durch viele Beispiele alter gesellschaftlicher Organisationsformen belegt werden.

Frazer hat einen großen Teil seiner Untersuchungen mutterrechtlichen Sohnesreligionen und Jahreskönigen gewidmet. Priester und Könige wurden von ihren Nachfolgern erschlagen, denen dann Frauen und Reiche zufielen. Da es in mutterrechtlichen Gesellschaften keine patriarchale Genesis gibt, sind die Nachfolger immer zugleich Söhne, wie Ödipus. Der Tyrannen- und Vatersturz wird erst dem Patriarchat zum Problem. Die Psychoanalyse begreift Brutus z. B. tatsächlich als einen Sohn Cäsars. Naturwüchsig hält sich der Vatermord bis in unsere Gesellschaft durch, und zwar in steigendem Maße mit der autoritären Gesellschaftsform. Jedes Attentat auf Organe der Staatsmacht oder jeder Sturz der Staatsmacht trägt Züge des Vatermords.

Freud nahm an, daß dieser Konflikt des Sohnes mit dem Vater auf die Beseitigung eines Urvaters durch die Horde seiner Söhne zurückgeht. Sie sollen den Vater getötet und verspeist und, wie er annimmt, sich das Exogamiegebot auferlegt haben, um in Frieden miteinander leben zu können, also auf die Frauen, derentwillen sie den Vater getötet haben, verzichteten. Dann sollen sie ein Totemtier an Stelle des Urahns verehrt haben, das tabu war, aber zu bestimmten Zeiten geschlachtet und gemeinsam verspeist wurde, wie der Vater. Dies gemeinsame Totenmahl war dann die Kommunion, in der die Brüder zur Gesellschaft zusammentraten, den getöteten Urvater vielleicht erst als Heros und dann als Gott verehrten. Jedenfalls wurden damit alle Gesellschaftsmitglieder der Autorität verpflichtet, deren Repräsentanten Tyrannen, Könige, Stammesfürsten, Häuptlinge und Väter wurden, von wo an jeder Autoritätskonflikt damit auf den Konflikt um die Verfügung über die Frauen und ihre Substitute, die Erde und den Reichtum schlechthin, zurückgeht.

Sicher ist, daß auch die Frauen bei der Beseitigung des Urvaters mitgeholfen, wenn sie die Söhne schon nicht dazu angestiftet haben, wo doch auch ihre Freiheit von dieser Revolution abhing. Daß sie dann doch nicht befreit, sondern nur der Verfügungsgewalt der Söhne unterworfen wurden, war auch historisch das Schicksal so mancher revolutionären Klasse, nur einer neuen Herrschaft über sich auf den Thron geholfen zu haben. Dazu kommt, daß, wenn die Annahme richtig ist, sich die Söhne vermutlich zuerst um die Frauen schlugen, ehe sie dann durch ein Totemtier den Zusammenhalt der Gesellschaft konstituierten.

In diesem Kampf kehrt der Vater-Sohn-Konflikt wieder, der als Wettkampfritual sich durch die Entwicklung unserer Zivilisation zieht. Der Kampf zwischen Ödipus und Laios, Vater und Sohn oder Söhnen, oder Söhnen und Söhnen, um den sexuellen Verkehr mit der Mutter, ist jenes Grundmuster für Konkurrenz und Wettbewerb einer Leistungsgesellschaft in der der Inzestwunsch oder seine deformierte Wiederkehr als Motor immer wieder Natur durchschlagen läßt und den gesellschaftlichen Zusammenhalt gefährdet, wiewohl der Wettbewerb auch nur ein Wettbewerb um die Herrschaft über das Inzestobjekt und seine Substitute ist. Ödipus' Verhältnis zu Laios kann zugleich auch als Verhältnis von Ödipus zu sich selbst begriffen werden. Gegen die »Naturwüchsigkeit« des Inzestwunsches sperrt sich das Ritual. Laios' Tod und Ödipus' Inzest schlagen eine gefährliche Lücke in den gesellschaftlichen Organismus. Durch sie

dringt nicht domestizierte Natur, verkörpert in Ödipus'
Inzestwunsch und Tat, in die Gesellschaft ein. Das macht
Sühneopfer notwendig, um die Lücke wieder zu schließen,
die auch durch den Tod eines Gesellschaftsmitglieds –
dessen enge Verbindung mit dem Inzest der Ödipusmythos
darstellt – in den Damm gegenüber der Natur gerissen
wurde, und zugleich den Kampf Regeln zu unterwerfen, um
ein ungehindertes Eindringen nicht domestizierter Natur zu
verhindern: Ein Grund für die ständige rituelle Wiederholung des Exogamiegebotes oder Inzesttabus in Wettkampf
und Konkurrenz, verkörpert z. B. auch noch in Wettkampf
und Konkurrenz auf dem kapitalistischen und sozialistischen
Markt oder bei den Olympischen Spielen als Schule der
Leistungsgesellschaften.

Schon das Ziel der antiken Olympiaden war die Forcierung
der körperlichen Leistung, auch für den Kriegsdienst. Dafür
wurde der Friede verkündet, friedlich und kollektiv die
repressive Naturbeherrschung, zumal die der Konkurrenten,
einzuüben. Sie gingen vermutlich auf noch ältere Wettkampf-
rituale zurück, die auf Gräberfeldern veranstaltet wurden,
um den gesellschaftlichen Zusammenhalt immer wieder
herzustellen; Opferveranstaltungen, die in den Opferzusam-
menhang der Gesellschaft initiierten. Antike Olympiaden
bezogen sich auf den siegreichen Kampf eines Helden mit
gewaltigen Gegnern oder Ungeheuern. Anläßlich Totenfei-
ern wurden Wettkämpfe veranstaltet, in denen der auf Opfer
und Konkurrenz basierende gesellschaftliche Zusammenhalt
artikuliert wurde.

Die Wettkämpfe von Nemea soll z. B. der Löwenbändiger
Herakles seinem Vater Zeus geweiht haben. Auch in Olympia wird Herakles als Stifter von Festspielen für Zeus
erwähnt. In Delphi wurden die Spiele zu Ehren von Apollo
veranstaltet. Anlaß war seine Heldentat, die Schlange Python
in der Felsspalte getötet zu haben. Dies alles sind Zusammen-
hänge, die den Naturunterwerfungscharakter auch sportli-
cher Wettkämpfe verdeutlichen. Im Gegensatz zu Ödipus
winken dem Sieger dann Preise für die Leistung, seine
unmittelbare Begierde unterdrückt und damit zur Stabilisierung und Erweiterung der gesellschaftlichen Herrschaft über
die Natur beigetragen zu haben. Auch die heute noch oft

131

geforderte sexuelle Enthaltsamkeit von Sportlern vor dem Kampf spricht aus, was der Wettkampf ritualisiert. Aus Opfern hervorgegangen, zunächst Opfertieren, Fleisch des Opfermahls und später Preismünzen, sind die Preise Stellvertreter der eigentlichen Triebziele — den Tod des Vaters und die Unterwerfung der Mutter —: Produkte eines Totenkults als Basis gesellschaftlicher Reproduktionsverhältnisse. Tempel und Schatzhäuser — die Entstehung des Geldes verdankt sich dem gleichen Opferkult —, die am Ort der Spiele errichtet wurden, waren mit der Entwicklung des Handels in der Antike eng verknüpft, Leistungen in Sport und Kriegsdienst die Garanten des antiken Staatswesens. Heute ist im Veranstaltungscharakter der Leistungswettkämpfe in Sportfesten, insbesondere Olympiaden, die Ästhetisierung des Opfers und seine Einübung, gewissermaßen als Schule für zukünftige Helden auf dem Schlachtfeld oder an der Wirtschaftsfront, als Vorläufer und unverzichtbare Grundlage faschistischer Massenführung gar nicht zu übersehen; ein Grund, warum z. B. Leni Riefenstahl als Großmeisterin faschistischer Ästhetisierung des Opfers noch 1948 in London eine Goldmedaille für ihren Film über die Nazi-Olympiade von 1936 bekam.

Eine der ältesten Disziplinen — ein Wort, das noch heute Naturbeherrschung und autoritäre Herrschaftsformen verbürgt — der Spiele war der Lauf, der vermutlich auf einen kultischen Hochzeitslauf zu Ehren der Demeter zurückging. Damit war Sinn und Zweck dieses Unternehmens offensichtlich: Wenn im Leistungswettkampf zwar die Konkurrenz um die Mutter wiederholt wird, wie Ödipus' Kampf mit Laios — was in Hochzeitsläufen von Bewerbern um eine Braut, ihrer Konkurrenz, immer zum Ausdruck kommt —, so geht es dabei aber nicht um die Eroberung des unmittelbaren Triebziels, die Mutter, sondern deren Stellvertreter. Das war im Demeterkult neben den Schweineopfern also ein zusätzliches Unternehmen, die Fruchtbarkeit der Erde zu beschwören.

Diese Ritualisierung von Konkurrenz und Opfer, um den gesellschaftlichen Zusammenhalt immer wieder herzustellen und zu garantieren, ist jedoch nicht nur auf unsere Zivilisation beschränkt. Im mexikanischen Ballspiel, dem Pelote, wird ein Ritual gespielt, das dem gleichen Zweck dienen soll, nämlich gesellschaftlicher Herrschaft über die Natur zum Ausdruck und Erfolg zu verhelfen. Es ist ein Mannschaftsspiel, bei dem die gegnerischen Mannschaften einen Kautschukball durch Steinringe zu bringen haben, die an zwei, die Längsseite des Spielfeldes begrenzenden Mauern angebracht sind. Das Spielfeld ist mit einem Fußballspielfeld vergleichbar, nur daß die Tore an der Seite angebracht sind. Überhaupt haben beide Spiele einiges gemeinsam. Die Steinringe des Pelote, als versteinerte Schlangen dargestellt, verkörpern die bereits geopferte Schlange Natur, oder bezogen auf das Exogamiegebot: die Funktion der Frauen anderer Heiratsklassen oder Clans, dargestellt durch die gegnerische Mannschaft. Z. B. könnten beide Mannschaften auch die in Heiratsklassen aufgespaltene Brüderhorde sein. Die Steinringe, als Ringe Symbole der ihrer Zähne beraubten, nun zivilisierten Vagina, gleichsam Grabsteine der geopferten Natur, dienen nun dem Bewegungsspiel der Männer, die ihren Sperma symbolisierenden Kautschukball da durchzuschießen haben. Die Anzahl der Treffer indiziert nicht nur die beschworene Fruchtbarkeit der Frauen, auch die der Saaten in der Erde ist damit gemeint. Die unterliegende Mannschaft vertritt die unterworfene Natur wie unterworfene feindliche Stämme, was identisch ist, und wird real auf einem bereitstehenden Altar anschließend geopfert. Fiel der Ball in ein Brunnenloch im Spielfeld, galt das gewissermaßen als Inzest, als Rückfall, wie das Eigentor beim Fußball. Der unglückliche Spieler wurde Ehebrecher geschimpft. Ehebruch, als Form asozialer, nämlich die gesellschaftlichen Reproduktionsregeln unterlaufender Sexualität, galt als Diebstahl, war nicht durch Opfer erkauft und damit ein deformierter Abkömmling des Inzests. Dieser Spieler hat die Ordnung verletzt, wie Ödipus, der auch in einer Überlieferung von dem überlebenden Diener des Laios als Dieb oder Räuber bezeichnet wird, der Laios überfallen und getötet haben soll.

Ödipus als Räuber zu bezeichnen, ist nicht nur im übertragenen Sinne durchaus korrekt. Die Psychoanalyse deutet den Diebstahl immer als Wiederkehr der verdrängten Inzestwünsche; er ist das Unterlaufen der allgemeinen Op-

Seeräuber mit ›Schatz‹

fer- und Tauschverhältnisse. Der Dieb verschafft sich unmittelbaren Genuß. So auch der Räuber. Er raubt die Stellvertreter seiner inzestuösen Triebziele, also letztlich seiner Mutter. Darauf spielt der rituelle Frauenraub bei Hochzeitsfeiern einiger Gesellschaften noch an. Als Seeräuber jagt er nach Geld und Frauen. Daß die latenten Inzestwünsche hier ausgelebt und dann doch nicht befriedigt werden, versteht sich von selbst. Als Eroberer immer auf der Suche nach der Mutter treibt es ihn ruhelos von Ort zu Ort. »Home is where you get, when you run out of places«, zitierte Wim Wenders Fritz Lang in einem Nachruf. Ein Motiv auch der Odyssee und des Ödipusmythos. Es ist zugleich die vergebliche Konstitution von Heimat. Odysseus und Ödipus sind Eroberer und Gründungsheroen unserer Zivilisation: Reichsgründer, wie Cäsar, dessen Traum, die Mutter beschlafen zu haben, die Traumdeuter als Vorzeichen seiner Herrschaft über den Erdkreis deuteten. »Die Erde, wenn sie begrenzt ist — bedeutet eine Frau, ist sie unbegrenzt, so bedeutet sie die ganze Welt«, sagt der arabische Traumdeuter Ibn Sirin. Darin sind die Wurzeln auch des politischen und ökonomischen Imperialismus zu suchen. Das lebt noch fort in den Utopien von der Herrschaft einer Weltgesellschaft über die Ressourcen, sich die Erde untertan zu machen und die Herrschaft über die Natur friedlich zu teilen. Eine praktische Unmöglichkeit. Die nie befriedigten Inzestwünsche werden unversöhnt immer zum Kampf um die Herrschaft über die Stellvertreter der Triebziele mobilisieren. Eine friedliche Herrschaft über die Natur kann es nicht geben. Dagegen rebelliert schon die eigene Natur der Herrschenden, auch einer wie immer gedachten egalitären Weltgesellschaft. Diese Momente von Naturwüchsigkeit nicht zu versöhnen, sondern zu eliminieren, wie es auch liquidatorische sozialistische Theoretiker vorschlagen, ist wie dem Arbeitstier das Futter zu entziehen.

Solange die Gesellschaft sich über Opfer konstituiert und die verdrängten Triebwünsche nicht verdrängungsfrei sublimiert werden, bleiben die Kompensationsobjekte für die geopferten Inzestwünsche notwendig. Da lebt die Geldwirtschaft fort, Konkurrenz und persönlicher Anreiz und was immer unsere imperialistische Zivilisation konstituiert, in Gang hält und weiter befördert, um den dark continent weiblicher Sexualität, wie es Freud einmal nannte, und die Natur zu erobern und der phallischen Kultur zu unterwerfen. Restlos gelingt das wegen der immanenten Dialektik von Triebwunsch und Verdrängung nie, es sei denn im Wahnsinn, wie Jules Vernes Kapitän Hatteras, der den letzten weißen Fleck auf der Landkarte, den Nordpol, endlich dem britischen Imperialismus unterwerfen wollte. Vorgestellt wird dieser Rest menschlicher Verfügung noch nicht unterworfener Natur als Vulkan, jenen klassischen Ausdruck des Ungeheuers, das sich exakt an dem mathematischen Punkt befinden soll, in welchem alle Meridiane der Erde zusammenlaufen. Darauf will Hatteras seinen Fuß setzen. Er tut es und wird wahnsinnig. In der Nervenheilanstalt immer wieder nach Norden, seinem Ziel laufend, verkörpert er den Wahnsinn der Naturunterwerfungsrituale unserer Gesellschaft, vergleichbar der Jagd nach dem Dorado, dem Goldland, in dem sich alle Wünsche erfüllen, die auf der Herrschaft über die Natur und die verdrängte weibliche Sexualität aufbauen. »Um Gold zu gewinnen, hatten wir ja die Heimat verlassen und alle Fährlichkeiten auf uns genommen, die Wechselfälle eines entbehrungsreichen Lebens in einer unbekannten Welt«, läßt Wassermann im *Gold von Caxamalca* einen Begleiter Pizarros die Motive der Conquistadoren erläutern.

»Immer auf der Suche nach Frauen und Gold«, das sind auch die durchgängigen Interessen der ersten Amerikafahrer, wie man aus dem Bordbuch von Christoph Columbus erfährt. Diese nie zu befriedigende Gier, wie die Jagd nach dem Hasen beim Hunderennen, wurde schließlich Motor, und im tatsächlich herangeschafften Gold Fundament der kapitalistischen Entwicklung in Europa und endlich der ganzen Welt. Brecht hat jener gewaltsamen Unterwerfung von Mensch und Natur, wie sie die dynamische Entwicklung von Imperialismus und Kapitalismus als Einheit begründet und zu ständiger Expansion verhilft, ein Gedicht entgegengestellt, daß die Hoffnung ausdrückt, der Widerstand der unterdrückten Natur werde aus ihrer Eigengesetzlichkeit heraus der Herrschaft der Conquista und der ihr korrespondierenden Unterdrückung der Triebwünsche und Assoziationswünsche der Menschen von selbst ein Ende setzen.

Von des Cortez Leuten

Am siebten Tag unter leichten Winden
Wurden die Wiesen heller. Da die Sonne gut war
Gedachten sie zu rasten. Rollten Branntwein
Von ihren Wägen, machten Ochsen los.
Die schlachteten sie gegen Abend. Da es kühl wurd
Schlug man vom Holz des nachbarlichen Sumpfes
Armdicke Äste, knorrig, gut zu brennen.
Dann schlangen sie gewürztes Fleisch hinunter
Und fingen singend um die neunte Stunde
Mit Trinken an. Die Nacht war kühl und grün.
Mit heiserer Kehle, tüchtig vollgesogen
Mit einem letzten, kühlen Blick nach großen Sternen
Entschliefen sie gen Mitternacht am Feuer.
Sie schlafen schwer, doch mancher wußte morgens
Daß er die Ochsen einmal brüllen hörte.
Erwacht gen Mittag, sind sie schon im Wald.
Mit glasigen Augen, schweren Gliedern, heben
Sie ächzend sich aufs Knie und sehen staunend
Armdicke Äste, knorrig, um sie stehen
Höher als mannshoch, sehr verwirrt, mit Blattwerk
Und kleinen Blüten süßlichen Geruchs.
Es ist sehr schwül schon unter ihrem Dach
Das sich zu dichten scheint. Die heiße Sonne
Ist nicht zu sehen, auch der Himmel nicht.
Der Hauptmann brüllt als wie ein Stier nach Äxten.
Die liegen drüben, wo die Ochsen brüllten.
Man sieht sie nicht. Mit rauhen Flüchen stolpern

Die Leute im Geviert, ans Astwerk stoßend
Das zwischen ihnen durchgekrochen war.
Mit schlaffen Armen werfen sie sich wild
In die Gewächse, die leicht zittern, so
Als ginge leichter Wind von außen durch sie.
Nach Stunden Arbeit pressen sie die Stirnen
Schweißglänzend finster an die fremden Äste.
Die Äste wuchsen und vermehrten langsam
Das schreckliche Gewirr. Später, am Abend
Der dunkler war, weil oben Blattwerk wuchs
Sitzen sie schweigend, angstvoll wie Affen
In ihren Käfigen, von Hunger matt.
Nachts wuchs das Astwerk. Doch es mußte Mond sein
Es war noch ziemlich hell, sie sahn sich noch.
Erst gegen Morgen war das Zeug so dick
Daß sie sich nimmer sahen, bis sie starben.
Den nächsten Tag stieg Singen aus dem Wald.
Dumpf und verhallt. Sie sangen sich wohl zu.
Nachts ward es stiller. Auch die Ochsen schwiegen.
Gen Morgen war es, als ob Tiere brüllten
Doch ziemlich weit weg. Später kamen Stunden
Wo es ganz still war. Langsam fraß der Wald
In leichtem Wind, bei guter Sonne, still
Die Wiesen in den nächsten Wochen auf.

Ein fast surrealistisches Bild, wie es ähnlich auch in Jules Vernes' *Kapitän Hatteras* einmal vorkommt, als Eisbären die Polfahrer mit Eisblöcken einmauern. Natur mit Vernunft begabt erscheint als Befreiung von der zerstörerischen Herrschaft zurichtender Vernunft. Es ist das Bild der Aufhebung der Entfremdung auch von den eigenen Wünschen. In surrealistischen Utopien des automatischen, d. h. unbewußten, Schreibens eine Versöhnung der herrschenden Realität mit den unbewußten Triebwünschen zu erreichen, kommt das gleiche Interesse zum Ausdruck, wie exemplarisch etwa auch bei Magritte, wenn er die herrschende Zuordnung der Dinge dissoziiert, oder anders gesagt, die Dinge frei assoziiert, ein Verfahren der Psychoanalyse und als gesellschaftliche Utopie immer wieder von Marx als freie Assoziation freier Individuen emphatisch gefordert. Die Hoffnung auf eine dereinst vom Opfer befreite Gesellschaft kommt darin zum Ausdruck.

Ihr Rätsel soll die Sphinx von den Musen gelernt haben, die auch bei der Hochzeit des Drachentöters Kadmos mit der kuhäugigen Harmonia zum Eingedenken der Opfer, mit

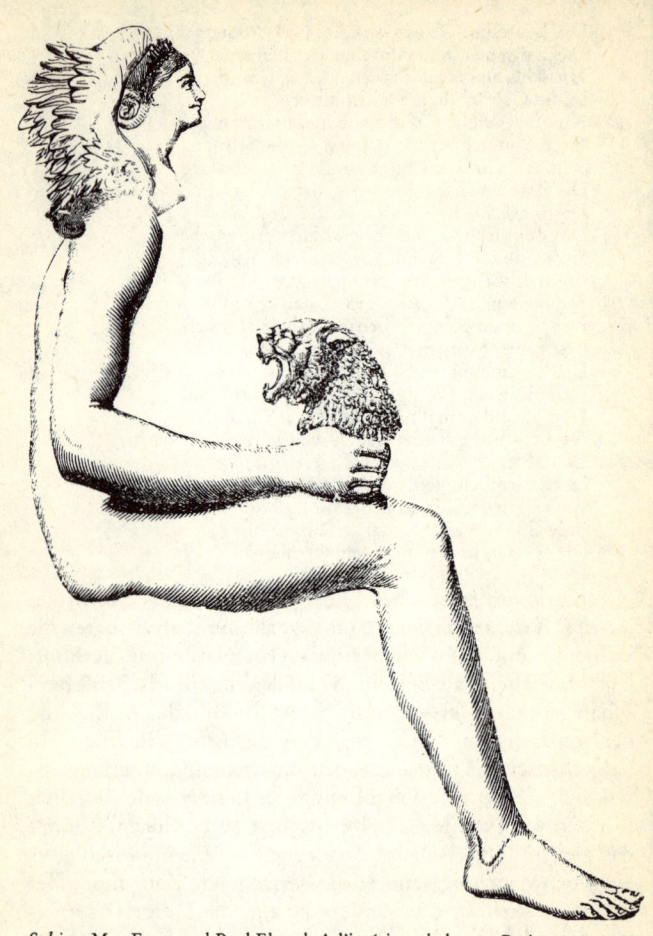

Sphinx, Max Ernst und Paul Eluard, A l'intérieur de la vue, Paris, 1947

denen der gesellschaftliche Zusammenhalt erkauft ist, ermahnten. Auch ihr Belcanto, das der singenden Sphinx, gedenkt klagend des dem Allgemeinen geopferten Interesses des Besonderen, was im Belcanto als allgemeinstes Bedürfnis der Solidarität zum Ausdruck kommt. Der Wunsch nach Befreiung der in den Qualitäten des Besonderen verkörperten weiblichen Natur war noch der Sinn jeder Kunst, indem sie, sich mit dem Opfer identifizierend, auf die tote, todbringende Gesellschaft verwies. Durch den Staatsgründer Ödipus liquidiert, jedoch wiederkehrend, wie die damit verbundenen Triebwünsche auch, bleibt die Versöhnung mit dem Opfer, die Aufhebung des Opferverhältnisses solange ausgeschlossen, wie die in Staaten organisierten Opfergemeinschaften als Leistungsgesellschaften fortbestehen. Zusammengehalten wird die Gesellschaft durch das ambivalente Verhältnis von Müttern zu Söhnen, auf dem der ganze Katalog repressiver Produktivität aufbaut. Beide sind Opfer der Ökonomie und garantieren in dieser Konstellation den Fortbestand einer opfernden und von der Befreiung vom Opfer träumenden, nie erwachsen werdenden, Gesellschaft. Die eigene Mutter, die selbst Opfer ökonomischer Zurichtungsprozesse ist, anbetend — darum zur Jungfrau Maria erhoben —, unterwerfen die Söhne als Machos und Rassisten sich deren Substitute: die Frauen, die Waren, das Land. Im Verein der latent homosexuellen, also ihre Homosexualität unterdrückenden Brüderhorde, sind sie außerstande zur Solidarität, die sie immer als Kameraderie mißverstehen und die darum über den engen Kreis der Horde nicht hinausgeht. Erst die Aufhebung der Ökonomie dieses verdrängenden Mutter-Sohn-Verhältnisses eröffnet die Aussicht auf eine dereinst vom Opfer befreite solidarische Gesellschaft.

Artemidor von Daldis   Traumbuch, Basel/Stuttgart 1965
J. J. Bachofen   Das Mutterrecht, Ausw., Frankfurt Main 1975
George Bataille   Die Aufhebung der Ökonomie, München 1975
Ernest Borneman   Das Patriarchat, Frankfurt Main 1977
Bertolt Brecht   Hundert Gedichte, Berlin 1951
Joseph Campbell   Der Heros in tausend Gestalten, Frankfurt Main 1953
Christoph Columbus   Das Bordbuch 1492, Tübingen/Basel 1970
Marie Delcourt   Oedipe ou la légende du conquérant, Liège 1944
Deleuze/Guattari   Anti-Ödipus, Frankfurt Main 1974
Paul Dufour   Geschichte der Prostitution, Berlin 1902
Ennio Flaiano   Paolo Uccello, Milano 1971
Joseph Fontenrose   Python, A Study of Delphic Myth and its Origins, Berkeley and Los Angeles 1959
James George Frazer   Der goldene Zweig, Köln/Berlin 1968
Sigmund Freud   Die Traumdeutung, Ges. W. Bd. 2/3, London 1942
Sigmund Freud   Analyse der Phobie eines fünfjährigen Knaben, Ges. W. Bd. 7, London 1941
Sigmund Freud   Totem und Tabu, Ges. W. Bd. 9, London 1940
Sigmund Freud   Der Mann Moses und die monotheistische Religion, Ges. W. Bd. 16, London 1940
Erich Fromm   Der Ödipus-Mythos, in: Märchen, Mythen, Träume, Zürich 1957
Phyllis Greenacre   The Quest for the Father, New York 1963
Marcel Griaule   Schwarze Genesis, Freiburg 1970
Jane Ellen Harrison   Ancient Art and Ritual, London 1913
Raoul Hausmann   Le mythe d'Oedipe selon Bachofen, Paris 1947
Klaus Heinrich   Parmenides und Jona, Frankfurt Main 1966
Herodot   Historien I, München 1961
Hesiod   Theogonie, in: Werke, Leipzig 1965
Luce Irigaray   Speculum de l'autre femme, Paris 1974
Ernest Jones   Mother-Right and the Sexual Ignorance of Savages, in: International Journal of Psycho-Analysis VI
Immanuel Kant   Kritik der reinen Vernunft, Werke Bd. 2, Wiesbaden 1956
Marie Luise Kaschnitz   Griechische Mythen, München 1975
Karl Kerényi   Die Mythologie der Griechen, 2 Bde., München 1966
Horst Kurnitzky   Triebstruktur des Geldes, Berlin 1974
L. Laistner   Das Rätsel der Sphinx, Berlin 1889
Legenda aurea   Übers. Richard Benz, Heidelberg 1975
Claude Lévi-Strauss   Strukturale Anthropologie II, Frankfurt Main 1975
Lukian   Werke, Berlin 1974
Maria Antonietta Macciocchi   Jungfrauen, Mütter und ein Führer, Berlin 1976
Herbert Maisch   Inzest, Reinbeck 1968
Bronislaw Malinowski   Mutterrechtliche Familie und Oedipus-Komplex, Imago 10, 1924
Roger Ernle Money-Kyrle   The Meaning of Sacrifice, London 1930

Erich Neumann   Die große Mutter, Olten 1974
Ovid   Metamorphosen, Übers. v. R. Suchier, Leipzig 1971
Anne Parsons   Is the Oedipus complex universal? in: The psychoanalytic study of society, Vol. III, N. Y. 1964
Plutarch   Lebensbeschreibungen, München 1964
M. Pongracz/I. Santner   Das Königreich der Träume, Wien/Hamburg 1963
Otto Rank   Das Inzest-Motiv in Dichtung und Sage, Leipzig u. Wien 1926
Theodor Reik   Oedipus und die Sphinx, in: Imago 6, 1920
Robert von Ranke-Graves   Griechische Mythologie, 2 Bde., Reinbeck 1960
Carl Robert   Ödipus, 2 Bde., Berlin 1915
Géza Róheim   The Riddle of the Sphinx, London 1934
Géza Róheim   The Dragon and the Hero, in: American Imago 1939/40
Géza Róheim   The Oedipus complex, magic and culture, in: The psycho-analytic study of the child, 1950
Géza Róheim   The anthropological evidence and the Oedipus complex, Psychoanalytic Quarterly 1952
Nikolaus Sidler   Zur Universalität des Inzesttabus, Stuttgart 1971/72
Erika Simon   Die Götter der Griechen, München 1969
Grafton Elliot Smith   The Evolution of the Dragon, London 1919
Sophokles   König Ödipus, Übers. v. W. Schadewaldt, Frankfurt Main 1973
Sophokles   Oidipus auf Kolonos, Übers. v. E. Buschor, Stuttgart 1966
Sophokles   Antigone, Übers. v. W. Kuchenmüller, Stuttgart 1955
Driek van der Sterren   Ödipus, München 1974
A. J. Storfer   Zur Sonderstellung des Vatermordes, Leipzig u. Wien 1911
A. J. Storfer   Marias jungfräuliche Mutterschaft, Berlin 1914
George Thomson   Aischylos und Athen, Berlin 1956
Giorgio Vasari   Die Lebensbeschreibungen der berühmtesten Architekten, Bildhauer und Maler, Straßburg 1904
Richard Wagner   Das Rheingold, Stuttgart 1973
Richard Wagner   Siegfried, Stuttgart 1973
Jakob Wassermann   Das Gold von Caxamalca, Leipzig 1928
Friedrich Wild   Drachen im Beowulf und andere Drachen, Wien 1962

Horst Kurnitzky

Triebstruktur des Geldes

Zur Theorie der Weiblichkeit

Politik 52. 176 Seiten DM 8,50

Ein grundlegendes Buch: Entstehung des
Geldes aus dem Opferkult; Opfer und
Kultur – die Verdrängung der weiblichen
Sexualität; Geld und Tauschrelationen;
Befreiung: Annahme des Verdrängten.

Zapata

Bilder aus der mexikanischen Revolution.
Von Barbara Beck und Horst Kurnitzky

Wagenbachs Taschenbücherei 14. 160 Seiten. DM 7,50

Bilder- und Legendenbuch über den 1910
begonnenen Aufstand der von Zapata
geführten Indio-Armee, der prägend
wurde für spätere Revolutionen der
Dritten Welt.

Verlag Klaus Wagenbach

Tintenfisch

Zehn Jahrbücher Deutsche Literatur von 1967 bis 1976

Herausgegeben von
Michael Krüger und Klaus Wagenbach

Dieser Neudruck vereinigt die ersten zehn Jahrbücher des ›Tintenfisch‹ zur deutschen Literatur. Mit den vollständigen Biographien der einzelnen Jahre, zusätzlichen Einführungen zu jedem Jahrbuch von Klaus Wagenbach sowie einem Autorenregister.

Diese beiden Bände machen damit nicht nur zahlreiche vergriffene ›Tintenfisch‹-Jahrbücher wieder zugänglich, sondern sie geben – in handlicher Form – einen förmlich historisch-materialistischen Überblick der deutschen Literatur zwischen den Jahren von 1967 bis 1976.

Neudruck in zwei Bänden
Zusammen 1248 Seiten   DM 19.80